이현석의
입이
트이는
영어 최고의
스피킹
60

EBS 영어학습 시리즈

이현석의 입이 트이는 영어, 최고의 스피킹 60 – 일상생활 편

1판 1쇄 발행 2020년 10월 10일
1판 17쇄 발행 2024년 10월 30일

지은이 이현석
펴낸이 김유열
디지털학교교육본부장 유규오 | **출판국장** 이상호 | **교재기획부장** 박혜숙
교재기획부 장효순 | **북매니저** 박성근

편집대행 티와이콘텐츠 | **책임편집** 여효숙 | **디자인** 고희선 | **인쇄** 우진코니티

펴낸곳 한국교육방송공사(EBS)
출판신고 2001년 1월 8일 제2017-000193호
주소 경기도 고양시 일산동구 한류월드로 281
대표전화 1588-1580 | **이메일** ebsbooks@ebs.co.kr
홈페이지 www.ebs.co.kr

ISBN 978-89-547-5393-7(14740)
      978-89-547-5387-6(세트)

이현석의

입이 트이는 영어 최고의 스피킹 60

일상생활 편

이현석 지음

EBS BOOKS

영어 스피킹 초밀리언셀러

EBS FM 어학 방송 대표 스피킹 프로그램

13년간 출간된 〈입이 트이는 영어〉 155권의 핵심 중의 핵심!

〈일상생활 편〉〈여가생활 편〉〈취미생활 편〉〈한국 문화 편〉〈시사 이슈 편〉
총 5권의 시리즈 단행본!
155권 4,100개의 〈입트영〉 최고의 스피킹 주제 300개 엄선!
300개 주제 설명 스크립트, 300개 대화문 수록!
EBS FM 중급 스피킹 진행자 이현석의 13년 원고 집대성!

왜 〈입이 트이는 영어〉에 열광하는가?

지난 13년간 EBS FM의 명실공히 **대표 영어 스피킹 프로그램 〈입트영〉은 한국인에게 가장 최적화된 영어 콘텐츠를 제공**하기 위해 노력해왔다. 한국 사람들이 일상에서 가장 많이 접하는 생활 밀착형 주제들을 가장 원어민의 영어에 가깝게 표현하는 것을 목표로 삼아왔다.

무엇보다 스피킹 영역은 자신이 하고 싶은 말을 하는 것이므로, **스피킹 주제는 평소에 우리가 하고 싶은 말과 주제여야 학습이 더 효과적**이다. 예를 들어, 우리나라에서는 술을 마시면, 대리운전을 부르게 되는데, 이러한 대리운전의 개념은 외국에서는 생소한 개념일 수 있다. 그러나 한국 사람들은 대리운전을 이용한 경험을 영어로 설명하고 싶어 한다. 퀵서비스도 마찬가지이다.

이처럼 **한국 사람들에게 최적화된 스피킹 주제는, 지난 13년간 155권의 4,100개 주제에** 담아 월간지로 출간이 되어왔고, 지금도 출간되고 있다. 〈입이 트이는 영어〉 진행자 이현석과 원어민 집필진은 한 권의 월간지 원고를 집필하는 데 월 평균 100시간 이상의 공을 들인다. 지금까지 대략 15,000시간 이상을 집필하는 데 공들인 셈이다.

〈입이 트이는 영어〉 주제는 청취자/독자가 직접 선정한다!

지금까지 〈입트영〉에 수록된 모든 주제는 청취자/독자들이 직접 선정을 한다. 한 달에도 40~50개의 주제들이 **〈입트영〉 방송 홈페이지 주제 신청 게시판**에 올라온다. 이러한 주제들은 생활 밀착형 주제, 한국 문화 주제, 시사 이슈 주제 등을 총망라한다. 저자인 이현석은 청취자/독자들의 이러한 신청 주제들을 단 한 개도 빼놓지 않고 읽어보고, 책에 반영한다.

청취자/독자들은 본인이 신청한 주제가 매달 책에 실리는 것을 보고, **영어 표현에 대한 궁금증을 해소시키고, 매우 큰 성취감과 만족감을 느끼게 된다.** 말 그대로 청취자/독자가 지난 13년간 함께 힘을 모아 〈입트영〉 책들을 집필해온 격이다. 그게 수십만 명의 애청자들이 〈입트영〉에 열광하는 이유이다. 대한민국에서 이렇게 영어 학습 주제를 독자들이 직접 선정하고, 책의 내용이 100% 그 주제들로 구성되는 영어 교재는 〈입트영〉이 유일하다고 할 수 있다.

누가 〈입이 트이는 영어〉를 이용하는가?

〈입트영〉의 독자와 이용자 층은 말 그대로 **전 국민 남녀노소**이다. 영어를 처음 접하는 초등학생, 유학을 준비하는 유학 준비생, 영어 말하기 시험을 준비하는 취준생, 아이를 키우는 엄마, 직장 생활을 하는 회사원, 퇴직을 하고 취미로 영어 공부를 하는 어르신 등 매우 다양하다. 〈입트영〉 방송 홈페이지에 들어가면 방송을 듣고 공부하는 모습을 담은 수많은 인증샷과 사연들이 올라와 있다.

전국에 〈입트영〉을 교재로 **그룹 스터디 모임**을 하는 스터디 그룹의 개수는 대략 1,000여 개 이상으로 추정된다. 매월 새로운 주제의 내용들이 나오고, 특히 한국 사람들에게 와닿는 내용의 영어 스피킹 표현들을 엄선하여 제시하고 있어서, 주제별로 영어 스피킹을 하기 위한 스터디 교재로 쓰기에 가장 안성맞춤이다.

〈입이 트이는 영어〉 저자 이현석과 카카오톡 실시간 소통!

〈입트영〉의 저자 이현석은 청취자/독자들과 **소통을 잘한다고 정평**이 나 있다. **〈입트영〉 카카오톡 오픈 단톡방**에서 매일 청취자들과 소통하고 있고, 단톡방에 올라오는 영어 질문에 대해 정성을 다해 직접 답변을 한다. 하루에도 적게는 50개에서 많게는 100개 이상의 질문이 단톡방에 올라온다. 많은 이들은 전국을 대상으로 하는 방송 진행자가 이렇게 실시간 소통을 단톡방에서 매일 할 수 있을까 하는 의문을 가지지만, 저자 이현석은 이렇게 이야기한다.

"이러한 소통이 없었다면 지금의 〈입트영〉은 없었을 것입니다!"

오픈 단톡방의 최대 정원이 1,500명이어서 이미 하나의 단톡방은 정원이 마감된 상태이고, 두 번째, 세 번째 단톡방을 만들어서 지금도 소통 중이다. 다음은 〈입트영〉 단톡방 참여 방법이다.

1 오디오 강의 청취

QR 코드를 찍어, 이현석 선생님의 Day별 주제에 대한 소개와 핵심 표현을 설명하는 인트로 강의를 듣는다.

2 Today's TOPIC 주제와 관련된 내용 숙지

해당 주제에 대한 한글 해석을 미리 읽어보며, 어떤 말을 영어로 할지를 스스로 브레인스토밍 해본다.

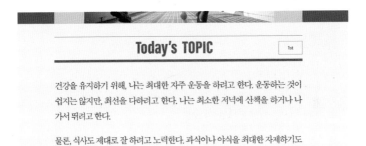

3 KEY EXPRESSIONS 핵심 표현과 어휘 암기

해당 주제의 스피킹에 필요한 핵심 표현과 어휘를 미리 보며 암기한다.

4 SPEECH PRACTICE 본문 내용을 반복해서 청취

QR 코드로 연동되는 음원으로 본문 내용을 최소 5차례 들어보며 반복 청취한다. 한 문장씩 따라 읽고, 전체 지문을 통 암기하여 낭송 연습을 한다.

To stay healthy, I try to **001 work out** as often as I can. Working out is not easy, but I **try my best.** I at least try to **take a walk** or **go for a run** in the evening.

Of course, I also try to **002 eat well and properly.** I try not to eat too much or too late. Plus, I try not to drink too much.

5 PATTERN PRACTICE 핵심 패턴 연습

해당 주제별로 제시되는 세 가지 핵심 패턴과 활용 문장을 숙지하고 연습한다.

PATTERN PRACTICE

001 **work out** 운동하다

I try to **work out** as often as I can.
나는 최대한 자주 운동을 하려고 한다.

I used to **work out** a lot in the past.
예전에 운동을 많이 했었다.

6 DIALOGUE PRACTICE 대화문 청취 및 연습

QR 코드로 연동되는 음원으로 해당 주제와 관련된 대화문을 최소 5차례 청취한다. 한 줄씩 따라 말하고, 파트너와 대화를 주고받는 연습을 한다.

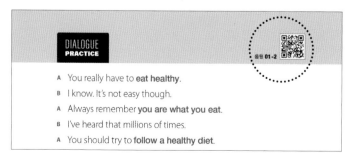

DIALOGUE PRACTICE

A You really have to **eat healthy.**
B I know. It's not easy though.
A Always remember **you are what you eat.**
B I've heard that millions of times.
A You should try to **follow a healthy diet.**

7 COMPOSITION PRACTICE 영작 훈련

마지막으로 해당 주제의 핵심 표현들을 이용하여 그날의 영작 훈련을 한다. 영작을 하고 나서는 반드시 정답 문장과 비교해보고, 정확한 문장을 학습한다.

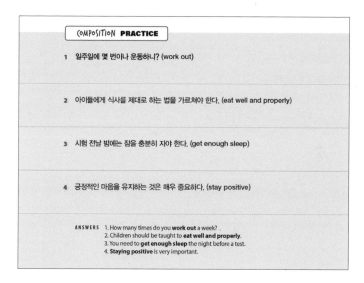

8 PATTERNS PRACTICE 핵심 패턴 180

책의 뒷부분에 본문의 핵심 패턴 180개와 이 패턴을 활용한 문장 540개를 부록으로 제공한다. 한글을 보고 영어로 바로 말하는, 순간 말하기 훈련에 활용한다.

60 DAYS

THE BEST
SPEAKING
TOPIC
IN
EVERYDAY
LIFE

〈입이 트이는 영어〉를 먼저 경험한
청취자/독자들의
추천사를 소개합니다.

**생활 밀착형 주제를 통해
세상 돌아가는 일을
영어로 말할 수 있게 되었습니다.**

어린이 영어 교육 현장에 있다 보니 쉬운 영어만 가르치고 사용하며 제 자신의 영어 실력 향상에 대한 갈증을 항상 느끼던 차에 〈입트영〉을 다시 찾게 되었어요. 몇 년 전 혼자 공부하다 흐지부지 되었던 경험에 지난달부터 팀을 짜서 함께 공부하며 매일 〈입트영〉으로 열공 중입니다!

다시 찾은 교재,
〈입트영〉이어야만 했던 이유

하나! 청취자의 사연 및 생활 밀착형 주제를 통해 신문, 뉴스 안 보는 제가 세상 돌아가는 일을 영어로 말할 수 있게 되었습니다.

둘! 진행자 이현석, 제니퍼 선생님 두 분의 방송은 최고예요. 실력이면 실력, 진행이면 진행, 아침을 활기차게 열어주는 두 분 덕분에 행복하게 하루를 시작합니다. 미라클 모닝은 덤이죠.

셋! 교재가 군더더기 없이 깔끔합니다. 브레인스토밍, 본문 공부, 표현 공부, 대화문 공부, 마지막 영작까지 매일 한 과를 충실히 공부하다 보면 실력이 조금씩 쌓이는 것이 눈에 바로 보입니다.

마지막! 〈입트영〉 오픈 단톡방에서는 매일 궁금한 영어 질문이 쏟아지고, 질문에 성실하게 답변해주시는 현석 선생님이 계십니다. 모르는 것을 질문할 수도 있고, 다른 분들의 질문과 답변을 보며 정말 많이 배운답니다. 자동적으로 영어 환경에 제 자신을 노출시킬 수 있습니다.

코로나 블루도 잊게 해준, 생활의 활력이 된 〈입트영〉 공부, 앞으로도 팀원들과 함께 즐겁게 쭉 입을 열어 공부할게요. 〈입트영〉 아직 안 하세요? 이렇게나 좋은데!!!
Will you join us?

40대 맘글리쉬 리더 전주연

14

코로나 덕분에 〈입트영〉을 만나게 된 행운!

저는 늦은 나이에 캐나다 유학을 가려고 컬리지 입학 지원, 티켓팅, 에어비앤비 예약 등 다 준비를 마쳤습니다. 그러다 코로나 때문에 모든 계획이 다 틀어졌지요. 그래서 한국에서 체류하는 시간이 길어졌고, 그냥 막연히 영어 공부를 하기에는 게으르고 나태한 저를 깨우쳐줄 뭔가가 필요했습니다. 그래서 EBS 〈입트영〉을 시작했지요!

초반에는 매일 일정한 시간에 맞춰 영어 방송을 듣는 게 힘들었지만, 이제는 하루라도 〈입트영〉을 안 들으면 손에 가시가 돋을 것 같아요. 그만큼 EBS 〈입트영〉 방송을 들으며 하루를 시작하는 게 저의 Daily Routine이 되어버렸지요.

영어 공부를 하시는 분들께 〈입트영〉을 강추하는 이유가 몇 가지 있어요.
1) 우선은 시청자분들이 직접 요청한 사연을 바탕으로 하다보니, 우리 실생활과 밀접한 다양한 주제를 접할 수 있어서 매우 유익하고요. 실제 원어민분들이 집필해주시다보니, 정확한 영어 표현을 익힐 수 있어서 학습 효과가 더 좋은 것 같아요.

2) 그리고 매일 조금씩만 투자하면 영어 공부하는 습관이 베이게 되어, 하루라도 영어를 소홀히 하는 날이 없어지더라고요. 영어는 언어라서, 벼락치기가 되지 않는 것이다 보니 '매일 좋은 습관'을 만들어가는 게 참 중요한 것 같아요.

3) 마지막으로 현석 쌤과 제니퍼 쌤이 매일 유쾌한 방송을 만들어주셔서 듣는 재미가 배가 됩니다. 특히, 현석 쌤은 단톡방을 통해 많은 수강생들과 소통해주시고, 어떻게든 영어 표현 하나라도 더 가르쳐주려고 시간을 들여서, 노력과 정성을 더해주시고 계시는데요. 하루 일과 끝난 후에, 단톡방에서 주고 받은 영어 Q&A를 노트에 기록해서 보고 있는데, 영어 공부에 큰 도움이 되고 있어요.

이렇게 강추하는 〈입트영〉이 그간 13년간의 컨텐츠 중 일부를 엄선해서 BEST 주제 단행본을 출판한다고 하네요. 저는 최근에 〈입트영〉에 입문해서, 이전 주제들도 유익했을 것 같아서, BEST 주제 단행본을 꼭 챙겨보려구요. 코로나가 좀 잠잠해지고 캐나다 유학을 가서도 매일 〈입트영〉 듣고, 지난 교재들 들추면서 캐네디언들과 함께 동고동락할 그날을 기대해봅니다.^^

에버랜드 옆에 사는 30대 캐나다 예비 유학생

매일 다양한 주제를 다뤄 주시고 새로운 표현을 알려주시니 정말 유익하네요.

원어민과 함께 직장 생활을 하고 있습니다. 같은 공간에서 일을 하면서 한정된 어휘, 표현으로만 대화를 나누는 것이 아쉬운 마음이 많았는데 〈입트영〉을 들으면서 도움을 많이 받고 있습니다. 매일 다양한 주제를 다뤄주시고 새로운 표현을 알려주시니 정말 유익하네요. 이현석, 제니퍼 선생님의 멋진 목소리와 친절한 설명은 내용을 더욱 귀에 쏙쏙 들어오게 해줍니다. 매일 꾸준히 영어 공부를 하고 싶은 분들은 〈입트영〉을 들어보세요!

30대 직장인 이은영

15

아이와 제가 함께 공부하는 기쁨을
알게 해준 〈입트영〉! 영어 실력과 더불어
아이와 소통 주제까지 챙겨주는
〈입트영〉! 완전 추천합니다!

회사를 1년 휴직하고 아이와 단 둘이 여기
저기 여행을 다니며 아이에게 엄마와 함께
하는 즐거움을 느끼게 해주고 싶었습니다.
그러나 돌아와서 '어떤 게 가장 기억이 남
니?'라는 질문에 '영어를 엄마처럼만 해도
여행 다니는데 지장이 없는데 영어를 왜 배
워야 할까?'라는 생각을 했다는 아이의 답
을 들었어요. ㅎㅎ

이에 이미 놓아버린 지 오래인 영어 공부를
실생활 위주로 다시 시작하고자 찾다가 〈입
트영〉을 알게 되었고, 지금은 아이와 함께
들으며 다양한 주제와 표현을 익혀가며 대
화를 더 깊고 즐겁게 나누게 되었답니다. 영
어 공부와 사회 이슈 등을 함께 배우고, 이
야기 나눌 수 있다는 게 정말 큰 매력입니
다!

입을 트고 싶어 시작한 〈입트영〉!
입 닫을 일 없도록 여기 나온 표현들을
자연스럽게 입 밖에 꺼내놓고 말하는
그날까지 쭉~~~~~ 함께 할게요!

아이와 제가 함께 공부하는 기쁨을 알게 해
준 〈입트영〉!
영어 실력과 더불어 아이와 소통 주제까지
챙겨주는 〈입트영〉!
완전 추천합니다!

동탄에 아이와 함께하는 애청자 박민영

〈입트영〉의 도움으로 해외 현장에서
현지인들과 소통하며,
근무하고 있습니다.

해외에서 근무하다보니 〈입트영〉 책이 집
으로 배달되어, 가족들이 매주 당번제로 일
주일치 분량씩 사진을 찍어 보내주어, 그
것으로 공부했습니다. 최근에는 〈입트영〉
E-book 덕분에 해외에서 가족들을 조금 덜
귀찮게 할 수 있었습니다. 그동안 매주 불평
없이 〈입트영〉을 기꺼이 업로딩해준 가족
들에게 감사한 마음을 전합니다.

학창 시절부터 영어는 저에게 아킬레스건
이었습니다. 지금도 잘하지는 못하고요. 그
러다 어느 날 갑자기 오기가 생겨, 포기하지
않고 꾸준히 할 수 있는 방법을 찾다가 찾은
게 〈입트영〉이었습니다. 그리고 '중간에 절
대 포기하지 않는다'라는 마음에서 시작하
여, 하루 중의 삶의 일부로, 즐거움으로 현
재까지 함께 하고 있습니다. 지금은 〈입트
영〉의 도움으로 해외 현장에서 현지인들과
소통하며, 근무하고 있습니다. 〈입트영〉과
맺은 인연도 어느덧 10년의 세월을 훌쩍 넘
겼네요.

꾸준하게 영어에 관심을 갖게 만들어주신
〈입트영〉 선생님 두 분께, 그리고 중간에 제
니퍼 선생님 출산 때 대신 해주신 홍선생
님^^ 또, 모든 관계자 분들 모두 홧팅입니
다. 저보다 먼저 방송 접지 마시길 기원합니
다. 〈입트영〉은 하루를 시작하는 저의 첫 루
틴입니다. 끝까지 계속되기를 소망합니다.
FOREVER....

**스리랑카에서 상수도 개선 공사를 하고 있는
50대 직장인 정병옥**

16

영어로 입도 뻥끗 못하던 제가 지금은 어느 원어민과 어떠한 대화를 해도 막힘이 크게 없고 영어가 자연스럽다는 칭찬을 듣습니다.

〈입트영〉은 말 그대로 영어로 입을 트이게 하는 방송입니다!

동유럽 비영어권에서 몇 년을 살면서 아이러니하게도 영어의 중요성을 실감하고 귀국 후 영어 공부를 시작했습니다. 그 당시 동양인 차별이 있었는데 현지어보다 영어를 쓰면 오히려 친절해지더라구요. 네… 영어 사대주의는 그곳에도 존재했습니다.

해외에 어디를 가든 내가 내 목소리를 제대로 내려면 '영어'를 제대로 해야 한다는 결심으로 귀국했습니다. 그리고 나서 저 나름대로 개인사, 정치 사회 문제 등에 대해 1년 동안 열심히 공부했습니다.

그리고 떠난 다국적 배낭여행! 외국인들과 버스 타고 해외 투어를 다니는데 번갈아가며 식사 준비와 설거지를 하는 과정에서 '물 좀 잠궈!'란 기본적인 말도 못 알아듣는 충격을 경험하고, '일상생활' 영어의 필요성을 절실히 느끼게 되었습니다.

생활 영어에 대한 목마름으로 찾다가 알게 된 〈입트영〉! 현재 주변에서 접하게 되는 일상생활을 정선해서 영어로 정리해주니 원어민들과의 대화에서도 활용도가 정말 높았습니다. 현석 샘과 제니퍼 샘도 군더더기 없는 깔끔한 설명으로 20분의 시간이 정말 알차고 효율성도 높습니다.

〈입트영〉과 꾸준히 13년을 함께 하면서 영어로 입도 뻥끗 못하던 제가 지금은 어느 원어민과 어떠한 대화를 해도 막힘이 크게 없고 영어가 자연스럽다는 칭찬을 듣습니다. 또 제 영어 공부의 최종 목표, '해외 어디서든 부당한 일에 내 목소리를 제대로 낼 수 있는 영어 스킬 키우기'에 어느 정도까지는 가까워졌다고 생각합니다.

이 모든 것이 〈입트영〉 덕분입니다. 〈입트영〉 선생님들께 감사 드립니다!

대전에서 40대 직장인

어느 날 입이 트인다!

50대 은퇴를 앞둔 직장인입니다. 이 나이에도 유창한 회화가 필요해서 EBS 〈입트영〉을 열심히 따라하고 있는데 점점 입이 트이는 것을 느낍니다. 시중에 교재와 강의가 넘쳐나지만 막상 선택하려면 확신하기가 어렵습니다. 순간의 선택이 10년을 좌우하듯이, 이 책을 믿고 확실히 학습하시면 결실을 맺으실 겁니다.

서울 50대 직장인 이지웅

삶의 활력을 더해주는 〈입트영〉

졸업과 동시에 전문직으로 일하다가 육아와 함께 일을 쉬던 차에 영어회화 스터디를 하면서 알게 된 〈입트영〉. 이현석 쌤에 대한 극찬을 들으며 입문하게 되었어요. 지하철 영어 안내 방송이 익숙한 Jennifer 쌤의 목소리라는 사실과 쌤의 정확한 발음에 놀라며 방송을 들었죠. 일상생활을 주제로 하는 〈입트영〉은 참으로 매력적이었습니다. 매일 아침 반디 앱으로 알람을 맞춰놓고 고개를 끄덕끄덕하면서 더욱 더 빠져 들어갔습니다.

학창 시절 영어는 줄곧 만점을 맞았지만 외국인과의 대화는 쉽지 않았는데요. 〈입트영〉을 정기 구독하면서 단어 선택도 중요하지만 제가 제일 어려워하는 부분, Flow 연습도 많이 해야 하는 걸 배웠습니다. 그동안 책으로 배우는 영어와는 달리 살아 있는 영어를 배우는 느낌이에요. 평소 말투도 조용해서 영어 발화가 쉽지 않고 더 크게 말해야 하는 게 어렵지만, 이현석 쌤과 제니퍼 쌤의 문장들을 따라다보면 저도 언젠가는 내 안의 또 다른 활발한 캐릭터로 영어 대화가 자연스럽게 잘 되겠죠?

사실 이현석 쌤이 단톡방에서 정성스럽게 답해주시는 모습에 크게 감동했어요. 그래서 더욱 더 열심히 해야겠다는 생각도 듭니다. 두 아이들에겐 약간 어렵지만 꼭 방송 같이 듣자고 불러 모읍니다. 코로나로 집콕만 9개월째인데 〈입트영〉과 함께 하면 활력이 생기는 걸 느낍니다. 〈입트영〉의 BEST 책 출간을 축하드리며 올해도 정기 구독하고 있습니다. 두 쌤께 감사드려요. 우리 아이들이 어른이 될 때까지 〈입트영〉이 계속 방송되길 바랍니다.

서울에서 두 아이와 함께 듣는 40대 윤희

나의 영어회화 시작은 〈입트영〉으로부터

주변에서 영어회화 모임, 영어 공부 방법에 대해 질문을 받으면 저는 단연 〈입트영〉을 추천합니다. 매시간 이현석 선생님과 제니퍼 선생님이 꼼꼼히 짚어주시는 새로운 표현과 발음, 강세 덕분에 프로그램 제목 그대로 제 입이 트이고 발음이 정말 좋아졌거든요. 자신감이 생겨 가사와 육아를 도맡아 하면서 TESOL을 도전하였고, TESOL 면접 마지막까지 제 손에 들려 있던 책은 〈입트영〉이었답니다. 덕분에 행복한 합격 소식도 듣게 되었지요.

매일 최신 트렌드의 영어를 알려주시는 EBS 〈입트영〉이야 말로 저뿐만 아니라 영어로 말하고자 하시는 모든 분들께 꾸준히 공부할 수 있는 좋은 가교 역할이 될 것이라고 생각합니다.

2008년 첫 방송부터 함께 하지 못해 놓친 주제들이 많이 아쉬웠는데, 이번에 13년 간의 〈입트영〉을 집대성한 BEST 주제 단행본들이 나온다니 설레이고 기다려집니다. 비록 시작은 함께 하지 못했지만 끝까지 이현석 선생님의 〈입트영〉과 함께 하도록 하겠습니다.

강원도 원주에서 주부 장지연

우리나라를 향한 그리움에 듣기 시작한 〈입트영〉이 지금은 일상의 루틴이에요.

남편 직장 관계로 일본에 거주하며 일본에 거주하는 한국인 여성들의 카페를 통해 알게 된 반디 앱으로 〈입트영〉을 듣기 시작했습니다.

지하철 안내 방송 소리로 익숙한, 반가운 제니퍼 선생님 목소리와 똑부러지는 이현석 선생님 설명에 집중이 절로 되고, 〈입트영〉에서 다뤄주시는 주제들이 저에게는 큰 관심사인 한일 관계를 비롯해 일상생활에서 바로 쓸 수 있는 표현이 많아 자연스럽게 계속해서 듣게 되었습니다.

청취자가 신청하는 주제들로 구성해주시니 평소에 궁금했던 부분들도 많이 해소되고 해외 거주자들에게는 약할 수 있는 요즘 한국 트렌드 등에 대한 정보도 얻을 수 있어 정말 유익한 방송입니다.

듣다보면 방금 시작한 것 같은데 벌써 끝날 시간이라 늘 아쉽지만 반대로 재방송도 들을 수 있고 시대 흐름에 맞춰 E-book이나 유튜브 라이브 방송 등 다양한 방법으로 익힐 수 있어서 정말 강력 추천합니다!!!

특히, 이현석 선생님께서 단톡방도 운영하시며 바쁘신 중에도 알기 쉽게 친절히 가르쳐주시고 시대 흐름에 발 빠르게 맞춰 연구하시는 모습이 일본에서 한국어를 가르치는 저에게 정말 좋은 모델이십니다. 그리고 워킹맘이신 제니퍼 선생님께서도 일하며 육아, 가사를 병행하는 저에게는 늘 본받고 싶은 모델이셔서 두 분처럼 되고 싶다는 마음에 〈입트영〉은 매일 거르지 않고 듣습니다.

제니퍼 선생님과 이현석 선생님, 〈입트영〉 관계자분들께 진심으로 감사드립니다.
쓰고 나니 좀 기네요. 그렇지만 진심을 담아 작성해봤습니다. 늘 감사드립니다!♡

〈입트영〉을 사랑하는 애청자 이미애

한국의 고유 문화와 한국어의 미묘한 뉘앙스들을 이렇게 영어로 감쪽같이 바꿔주시는 선생님이 한국에 또 계실까요? 벌써 13년이 지났다는 게 믿어지지 않는, 여전히 매일 새로운 〈입트영〉!

믿고 듣는 〈입트영〉이 그동안의 엑기스를 모아 책으로 출간된다니 정말 역사적인 사건입니다! 〈입트영〉은 수준과 상관없이 모두에게 유용한 컨텐츠를 다루고 있기에 영어를 공부하고 싶다는 지인들에게 가장 먼저 추천하는 프로그램입니다.

영어를 꽤 잘 하는 사람들도 막상 한국의 고유한 문화나 한국어 표현을 영어로 바꾸는 것이 쉽지 않습니다. 그런데 그 어려운 것을 이현석 선생님께서 매번 해내십니다. 더불어 엄청난 규모의 단톡방을 운영하며 크고 작은 질문들에 정성을 다해 답해주시죠. 한국의 고유 문화와 한국어의 미묘한 뉘앙스들을 이렇게 영어로 감쪽같이 바꿔주시는 선생님이 한국에 또 계실까요? 벌써 13년이 지났다는 게 믿어지지 않는, 여전히 매일 새로운 〈입트영〉! 저희가 할머니, 할아버지가 될 때까지도 계속 해주셔야 해요!

30대 영어 전공자 윤현정

청취자 신청 주제는 흥미롭고,
교재 구성과 강의, 열정은 대단하다.
〈입트영〉은 영어 학습의
The best of the best이다!

새해가 되면 영어 공부를 목표로 삼지만 늘 작심삼일이었다. 2019년 1월에 마음을 굳게 먹고, 영어 공부를 시작하기 전 두 가지 질문을 하였다.
(1) 어떻게 하면 영어를 잘할 수 있을까?
(2) 어떻게 공부해야 하는가?

공부에는 왕도가 없다고 어떻게든 시작하면 될 텐데 어떤 영어 학습 콘텐츠를 선택할지 고민했다. 곰곰이 떠올려보니 꾸준함과 재미가 관건이었다. 며칠 하고 의지를 꺾거나 획일적인 내용에서 벗어나야 지루하지 않게 오랫동안 하리라 생각했다. 인터넷 검색과 서점에서 책을 고르다가 〈입이 트이는 영어〉를 만났다.

오랜 만에 영어를 시작하니 포기하려는 때도 있었고, 하루 밀리면 지겨워지기도 했다. 청취자가 신청하는 주제를 엄선하여 내놓은 내용은 기존 영어 학습에서 보기 드물고, 원어민이 실제 사용하는 표현으로 의욕을 끌어올렸다. EBS 영어 강의의 특징인 날마다 만나는 속성은 꾸준함을 유지하게 하고, 청취자 신청 주제는 흥미롭고, 이현석 선생님과 제니퍼 클라이드 선생님의 교재 구성과 강의, 열정은 대단하다.

〈입트영〉은 영어 학습의 The best of the best이다!

영어에 흥미를 갖게 된 청취자 이재상

영어가 머리 아픈 공부가 아닌
자연스러운 일상이 되는, 진짜
입이 트이는 영어! 〈입트영〉!

초등학교 3학년 때부터 수십 년째 영어를 배우면서 '왜 영어가 늘지 않을까', '단어는 수도 없이 외우는데 왜 영어로 쉬운 문장 하나 말하는 게 그렇게 힘들까'라고 생각을 했었습니다. 답은 두 가지였습니다. 일상생활에서 쓰는 단어는 보지도 않고 학교에서 배우는 어려운 단어만 외우니 일상에서 말을 할 수 없었고, 영어를 보기만 했지 입으로 떠들어본 적이 거의 없으니 말을 할 수가 없었던 거죠.

그래서 선택한 〈입이 트이는 영어〉! 안 그래도 추천은 많이 받았지만 막상 해보니 정말 좋았습니다. 일상생활에서 실제 생활에서 쓰이는 말을 영어로 익히다보니 영어가 생활화되고, 또 보는 영어가 아닌 입으로 말하는 영어가 되니 발음이나 회화에 자신감이 생기게 되었습니다.

아직 완벽하지는 않지만 〈입트영〉으로 제 영어가 바뀌는 걸 스스로도 느낍니다. 〈입트영〉으로 여러분의 영어가 머리 아픈 공부가 아닌 자연스러운 일상이 되었으면 좋겠습니다.

30대 청취자 남유진

**코로나바이러스나 원격 수업 같은
최신 트렌드부터 매일매일 다양한
주제와 내용을 다루니 재미도 있고
새로운 표현을 배우는 것이 즐겁다.**

40여 년간 영어를 공부하면서 주로 영어로 쓰여 있는 글이나 문장을 읽고, 그것을 공부하고 분석하는 식으로 공부를 해왔다. 그러다 보니 내가 하고 싶은 말을 영어로 잘 표현했으면 하는 고민이 생겼고, 그때 〈입트영〉을 만나게 되었다. 퇴근길에 EBS라디오에서 〈입트영〉이 나오는 걸 듣고, 내용이 너무 좋아서 바로 인터넷 서점에서 〈입트영〉 교재를 구입하였다.

그 뒤로 매일 밤 10시가 되면 내일 아침에 방송될 내용을 영어로 영작해본다. 먼저 제목만 보고 브레인스토밍을 살짝 해보고, 다음 장을 넘겨 한글 본문을 영작해본다. 아직은 모르는 게 많아서, 끙끙대며 영작을 해도 빈칸이 더 많을 때도 있고, 하다가 짜증이 날 때도 있다. 그래도 꾹 참으며 영작해보면서 모르는 단어나 구문을 표시하고 사전을 검색해본다. 마지막으로 다음 페이지에 있는 영어 본문을 읽어보면서 내 답과 비교해보고 잠을 잔다. 다음날 아침 방송을 들으며 주요 구문을 체크하고 세 개의 주요 표현을 외우려고 노력한다. 마지막으로 점심이나 오후에 다시 한 번 본문 내용을 읽어보고, 영작 숙제를 하고, 배웠던 새로운 표현을 내 것으로 만들려고 노력한다.

〈입트영〉은 코로나바이러스나 원격 수업 같은 최신 트렌드부터 녹색어머니회나 칼림바 같은 생각지도 못한 것들까지 매일매일 다양한 주제와 내용을 다루니 재미도 있고 새로운 표현을 배우는 것이 즐겁다. 〈입트영〉을 시작한 지 이제 얼마 되지 않았지만 이제라도 시작한 것을 감사하게 생각한다. 항상 스마트하고 똑 부러지는 현석 쌤과 제니퍼 쌤의 강의를 들으며 조금씩이지만 오늘도 내 영어 실력이 자라는 것을 느낀다. 3년 정도 후에는 본문 영작할 때 신음 소리가 좀 줄어들고, 빈칸이 많이 없어졌으면 좋겠다. 나를 비롯한 많은 분들이 이 책을 통해 영어의 입이 열리고 머리가 트이는 큰 도움을 얻을 거라 확신한다.

전주에 사는 우주선 아빠

CHAPTER

1

HEALTH
건강

RELATED QUESTIONS
주제별 스피치 향상을 위한 질문 모음

Try to answer the questions based on each topic.

DAY 01 `TOPIC` 건강 유지

1 What was a change you made to your lifestyle to become healthier?
2 Where do you get information about health?
3 What are some bad habits that can hurt your health?

DAY 02 `TOPIC` 건강한 식습관

1 Talk about some of the healthy food you often eat.
2 What are some of your good and bad eating habits?
3 Talk about when you had a stomachache after you ate something.

DAY 03 `TOPIC` 건강 검진

1 What are some things that people get examined during medical check-ups?
2 How often do you think people should get medical check-ups? Why do you think so?
3 Have you ever discovered a health problem during a check-up? Describe your experience.

DAY 04 `TOPIC` 개인위생

1 Describe the proper way to wash your hands.
2 What do you personally do to prevent getting sick?
3 Do you use hand sanitizer? How is it different from washing your hands?

DAY 05 `TOPIC` 체중 조절

1 Which is more important: a healthy diet or regular exercise? Why do you feel that way?
2 Share some tips for effectively losing weight.
3 Why do you think people these days are so interested in losing weight?

DAY 06 TOPIC 치아 관리

1 Are you afraid of going to the dentist? Why or why not?
2 What are some types of dental treatments you have received?
3 Describe the best way to brush one's teeth.

DAY 07 TOPIC 시력과 안구 질환

1 What are the pros and cons of wearing glasses or contact lenses?
2 What are some ways that eye problems can be inconvenient?
3 Do you have allergies? What are some of your symptoms?

DAY 08 TOPIC 허리 증세

1 Have you ever suffered from back pain? Describe your experience.
2 What are some ways to prevent back pain?
3 Do you have bad posture? If so, how can you fix it?

DAY 09 TOPIC 어깨 결림

1 What are some ways to treat a stiff shoulder?
2 What causes stiff shoulders? How can they be prevented?
3 What are some other common causes of everyday pain?

DAY 10 TOPIC 암

1 Have you or anyone you know had cancer?
  Describe the experience.
2 Do you think there will ever be a cure for cancer? Why or why not?
3 Describe some other severe illnesses that are difficult to treat.

DAY
01

Staying Healthy
건강 유지

강의 **01**

Today's TOPIC

1st

건강을 유지하기 위해, 나는 최대한 자주 운동을 하려고 한다. 운동하는 것이 쉽지는 않지만, 최선을 다하려고 한다. 나는 최소한 저녁에 산책을 하거나 나가서 뛰려고 한다.

물론, 식사도 제대로 잘 하려고 노력한다. 과식이나 야식을 최대한 자제하기도 한다. 그리고 술도 너무 많이 마시지 않으려고 노력한다. 뿐만 아니라 채소와 과일을 많이 먹으려고 한다.

더불어, 규칙적인 생활 습관을 가지려고 하고, 잠도 최대한 충분히 자려고 노력한다. 또한 정신 건강을 위해 항상 긍정적인 마음을 가지려고 노력하고, 어떤 상황이든 밝게 보려고 한다.

마지막으로, 개인위생도 잘 챙기려고 한다. 손을 최대한 자주 잘 씻고, 외출시에는 마스크를 꼭 착용한다.

To **stay healthy**, I try to 001 <u>work out</u> as often as I can.
Working out is not easy, but I **try my best**. I at least try to
take a walk or **go for a run** in the evening.

Of course, I also try to 002 <u>eat well and properly</u>. I try not to
eat too much or too late. Plus, I try not to drink too much.
I try to eat a lot of vegetables and fruits, as well.

Also, I try to **follow a regular lifestyle** and try to **get enough
sleep**. Plus, for my **mental health**, I always try to 003 <u>stay
positive</u> and **look on the bright side**.

Last but not least, I also pay attention to **personal hygiene**.
I **wash my hands well** whenever I can, and I **wear a face
mask** when I go outside.

KEY EXPRESSIONS

stay healthy 건강을 유지하다
work out 운동하다
try one's best 최선을 다하다
take a walk 산책을 하다
go for a run
달리기/조깅을 하다
eat well and properly
제대로 잘 먹다
follow a regular lifestyle
규칙적으로 생활하다
get enough sleep
충분히 자다

mental health 정신 건강
stay positive
긍정적으로 생각하다
look on the bright side
밝은 면을 보다
personal hygiene 개인위생
wash one's hands well
손을 잘 씻는다
wear a face mask
마스크를 착용하다

001 **work out** 운동하다

I try to work out as often as I can.
나는 최대한 자주 운동을 하려고 한다.

I used to work out a lot in the past.
예전에 운동을 많이 했었다.

It's hard to work out every day.
매일 운동하는 것은 쉬운 일이 아니다.

002 **eat well and properly** 제대로 잘 먹다

I try to eat well and properly.
나는 제대로 잘 먹으려고 노력한다.

I think you should really eat well and properly.
네가 정말 음식을 좀 제대로 잘 먹어야 한다고 생각해.

My mother always told us to eat well and properly.
어머니께서는 항상 식사를 제대로 잘 하라고 말씀하셨다.

003 **stay positive** 긍정적으로 생각하다

I always try to stay positive.
나는 항상 긍정적인 마음을 가지려고 노력한다.

It's not always easy to stay positive.
항상 긍정적으로 생각하는 것은 쉽지 않다.

How do you stay positive all the time?
어떻게 항상 그렇게 긍정적으로 생각하죠?

DIALOGUE PRACTICE

A You really have to **eat healthy**.

B I know. It's not easy though.

A Always remember **you are what you eat**.

B I've heard that millions of times.

A You should try to **follow a healthy diet**.

> **A** 너 정말 조금 더 건강하게 먹어야 해.
> **B** 알아. 그런데 그것이 쉽지가 않네.
> **A** 항상 기억해. 먹는 것이 그대로 건강과 직결돼.
> **B** 그 말은 이미 수없이 자주 들었어.
> **A** 건강한 식단을 따르는 것이 좋아.

COMPOSITION PRACTICE

1 일주일에 몇 번이나 운동하니? (work out)

2 아이들에게 식사를 제대로 하는 법을 가르쳐야 한다. (eat well and properly)

3 시험 전날 밤에는 잠을 충분히 자야 한다. (get enough sleep)

4 긍정적인 마음을 유지하는 것은 매우 중요하다. (stay positive)

ANSWERS
1. How many times do you **work out** a week?
2. Children should be taught to **eat well and properly**.
3. You need to **get enough sleep** the night before a test.
4. **Staying positive** is very important.

Healthy Eating Habits

건강한 식습관

강의 **02**

Today's TOPIC

사람들은 예전에 비해서 더 건강을 신경 쓰는 경향이 있다. 건강하게 먹는 것은 건강 유지에 가장 효과적인 방법이다. 많은 사람들이 이러한 이유로 건강하게 먹으려고 한다. 인터넷에 어떻게 하면 더 건강한 식습관을 가질 수 있는지에 대한 정보가 매우 많다.

어떤 사람들은 가공식품보다는 무첨가 식품을 선호한다. 어떤 이들은 장을 볼 때 유기농 식품을 고르는 경우도 있다.

건강하게 먹는 이러한 트렌드는 음식 업계 전반에 영향을 미치고 있다. 많은 음식점들과 카페들은 더 건강한 음식을 취급하고 있다. 건강식이 있으면 사람들을 충성도가 높은 고객으로 만들 가능성이 높기 때문이다.

음원 02-1

People have become more **004** <u>**health-conscious**</u> than in the past. Eating healthy is one of the most effective ways to stay healthy. Many people try to **eat healthy for that reason**. There is a lot of information on the internet about how to become a **healthy eater**.

Some people **005** <u>**opt for**</u> **whole foods** as opposed to **processed foods**. Some choose **organic food** items when they **get groceries**.

This trend of eating healthy has affected the overall food industry. Many restaurants and cafés are now **serving food** that is healthier. That's because people **006** <u>**are more likely to**</u> become **loyal customers** if they have **healthy options**.

KEY EXPRESSIONS

health-conscious
건강을 의식하는

eat healthier
보다 건강하게 먹다

for that reason 그러한 이유로

eat healthy 건강하게 먹다

healthy eater
건강하게 먹는 사람

opt for 선택하다

whole foods 무첨가 식품

processed foods 가공식품

organic food 유기농 식품

get groceries 장을 보다

serve food 음식을 팔다

be more likely to
~할 가능성이 더 높다

loyal customer 충성도 높은 고객

healthy options 건강식

004 **health-conscious** 건강을 의식하는

People have become more health-conscious than in the past.

사람들은 예전에 비해서 더 건강을 신경 쓰는 경향이 있다.

My mom used to be very health-conscious when I was a kid.

우리 어머니는 내가 어렸을 때 건강을 많이 신경 쓰셨다.

I'm trying to become more health-conscious.

나는 건강을 더 신경 쓰려고 노력하고 있다.

005 **opt for** ~을 선호하다

Some people opt for whole foods as opposed to processed foods.

어떤 사람들은 가공식품보다는 무첨가 식품을 선호한다.

Some students opt for a business major due to better career prospects.

어떤 학생들은 진로상으로 더 유리해서 경영학 전공을 선호한다.

I would opt for the latter.

나는 후자 쪽을 선호한다.

006 **be more likely to** ~할 가능성이 더 높다

People are more likely to become loyal customers if they have healthy options.

건강식이 있으면 사람들을 충성도가 높은 고객으로 만들 가능성이 높다.

He is more likely to try harder now.

그는 이제 더 열심히 노력할 가능성이 높다.

She is more likely to say no.

그녀는 싫다고 할 가능성이 더 높다.

A Are you having a salad for lunch?

B Yes, I'm trying to **lower my calorie in-take**.

A I see. Trying to **lose some weight**?

B Kind of. I'm not on a major diet or anything though.

A I hear you. That salad looks very healthy by the way.

> **A** 점심으로 샐러드 먹는 거야?
> **B** 응. 열량 섭취를 조금 줄이려고 노력 중이야.
> **A** 그렇구나. 살을 조금 빼려고?
> **B** 비슷해. 뭐 대단한 다이어트를 하는 것은 아니고.
> **A** 무슨 말인지 알겠다. 그런데 그 샐러드 정말 건강에 좋아 보인다.

COMPOSITION **PRACTICE**

1 너 건강을 조금 더 신경 쓸 필요가 있어. (health-conscious)

2 무첨가 식품을 최대한 많이 먹으려고 노력해봐. (whole foods)

3 이따가 퇴근하고 장을 조금 봐야 해. (get groceries)

4 가공식품은 항상 유통 기간을 확인하고 사야 돼. (processed foods)

ANSWERS 1. You should try to be more **health-conscious**.
2. You should try to have as much **whole foods** as you can.
3. I have to **get groceries** later on after work.
4. You have to check the expiration date when you buy **processed foods**.

Medical Check-ups

건강 검진

강의 **03**

Today's TOPIC

3rd

나는 건강 검진을 2년마다 꾸준히 받고 있다. 최근에도 건강 검진을 받았다. 위 내시경과 대장 내시경을 받기 전날부터 금식을 해야 했다.

검사 당일에는 신체 측정부터 시작했다. 신장, 체중, 혈압, 시력, 폐활량 등을 측정했다. 그리고 나서 혈액 샘플을 채취하고, 소변 샘플도 제출했다.

그 다음에는 조금 더 정밀한 검사들이 이루어졌다. 가장 먼저 복부 쪽에 초음파 검사를 했다. 그 다음은 내시경을 위해서 변을 유도하는 약을 먹었다. 수면 마취를 하고 위 내시경과 장 내시경을 동시에 받았다.

검사 후에는 나의 내시경 영상을 직접 보며, 의사가 설명을 해주기도 했다. 2주 후에 검사 결과를 받았는데, 혈압이 조금 높은 것 외에는 특별한 이상 소견은 없었다.

I have been getting **medical check-ups** every two years. I got a check-up recently, as well. I had to **go on a fast** the day before **getting gastroscopy and colonoscopy procedures**.

The day of the check-up began with **body measurements**. My height, weight, blood pressure, eyesight and **lung capacity** were measured. Then I **had blood samples taken**, and I **turned in a urine sample**.

Next, more **007** in-depth tests took place. First, I **008** got an ultrasound of my stomach. Next, I took medicine to help **009** move my bowels so that I could **get an endoscopy**. They **put me under**, and I got my gastroscopy and colonoscopy procedures together.

After the procedure, I **examined** the video myself while the doctor explained it. I **received the test results** two weeks later. Aside from slightly **high blood pressure**, I had a **clean bill of health**.

KEY	EXPRESSIONS

medical check-up 건강 검진
go on a fast 금식을 하다
get a gastroscopy/colonoscopy procedure
위/대장 내시경을 받다
body measurement 신체 측정
lung capacity 폐활량
have a blood sample taken
혈액 샘플을 채취하다
turn in 제출하다
urine sample 소변 샘플

in-depth test 정밀 검사
get an ultrasound 초음파 검사를 받다
move one's bowels 대변을 보다
get an endoscopy 내시경 검사를 받다
put someone under 수면 마취를 하다
examine 검토하다
receive test results
시험/검사 결과를 받다
high blood pressure 고혈압
clean bill of health
건강 증명서, 진단

007 **in-depth test** 정밀 검사

Next, more in-depth tests took place.
그 다음에는 조금 더 정밀한 검사들이 이루어졌다.

I needed an in-depth test to find out what was wrong.
무엇이 문제인지 찾아내기 위해 정밀 검사가 필요했다.

I could tell she was sick, even without any in-depth tests.
정밀 검사 없이도 그녀가 아프다는 것을 알 수 있었다.

008 **get an endoscopy** 내시경 검사를 받다

I went to the bathroom before getting an endoscopy.
내시경 검사를 받기 전에 화장실에 갔다.

You shouldn't eat anything the night before you get an endoscopy.
내시경 검사를 받기 전날 밤에는 뭘 먹으면 안 된다.

My throat hurt because I had gotten an endoscopy.
내시경 검사를 받아서 목이 아팠다.

009 **move one's bowels** 대변을 보다

I took medicine to help move my bowels.
배변을 유도하는 약을 먹었다.

If you can't move your bowels, try drinking some cold water.
대변을 보기가 힘들면 차가운 물을 마셔봐.

I haven't moved my bowels in three days.
대변을 본 지 사흘이나 됐다.

A I don't think I have a cold, but I've been coughing for three days straight.

B Have you **gotten a medical check-up** recently?

A I've been planning to for weeks, but I'm just too busy with work.

B **Don't put it off**. You should **see a doctor** as soon as you can.

A Yeah, I should do that.

> **A** 감기에 걸린 것 같지는 않은데, 3일 연속으로 기침이 나오네.
> **B** 최근에 건강 검진은 받아봤어?
> **A** 몇 주째 가려고는 했는데, 업무로 너무 바빠.
> **B** 미루지 마. 최대한 빨리 의사와 상담해봐.
> **A** 응. 그러는 것이 좋을 것 같아.

COMPOSITION **PRACTICE**

1 대변을 보며 뉴스를 읽었다. (move one's bowels)

2 보험 덕분에 정밀 검사도 비용이 그리 많이 들지 않았다. (in-depth test)

3 수면 마취를 하고 검사를 받았다. (put me under)

4 내시경을 마지막으로 받은 것이 언제인가요? (get an endoscopy)

ANSWERS
1. I read the news while **moving my bowels**.
2. Thanks to my insurance, even **in-depth tests** didn't cost too much.
3. They **put me under** while I was getting the test.
4. When was the last time you **got an endoscopy**?

Personal Hygiene

개인위생

강의 **04**

Today's TOPIC

4th

코로나바이러스 대유행 사태를 겪으면서, 개인 위생은 중요한 이슈로 자리 잡았다.

일단, 많은 사람들이 손 씻기의 중요성에 대해서는 공감하게 되었다. 사람들은 자기도 모르게 코나 입을 만지게 된다. 그래서 호흡기에 병균이 옮겨져서 병에 걸릴 수 있다. 손을 깨끗하게만 씻어도 병균은 대부분 제거된다. 깨끗한 손 씻기는 질병 예방의 아주 중요한 역할을 한다. 그와 함께 공공장소에서의 마스크 착용도 필수로 자리 잡았다.

그 밖에도 기침 예절도 중요하다. 기침을 할 때 나오는 분비물에 병원균이 있을 수 있다. 기침을 할 때는 반드시 옷 소매로 가리고 하는 것이 가장 좋다. 이것이 상대방에 대한 예의이다. 손으로 가리고 할 경우, 병원균이 손에 묻어 다른 이들에게 감염이 될 수 있다.

음원 **04-1**

In the face of the **coronavirus pandemic, personal hygiene** has become a **critical issue.**

For starters, many people have **realized** the importance of **washing their hands** well. People often touch their nose or mouth **010** **without even thinking about it**. This **011** **spreads germs** to the **respiratory system**, leading to disease. You can **get rid of** most germs just by cleaning your hands well. It's **012** **an integral part of** preventing disease. Plus, wearing masks in public places **has become the norm.**

Etiquette regarding **coughing** is also important. **Secretions** from coughing can **contain pathogens**. It's best to **cover your mouth with your sleeve** when you cough. It's how you can **look out for** others. If you use your hands instead, the germs can get on them and infect other people.

KEY	EXPRESSIONS

coronavirus pandemic
코로나바이러스 대유행

personal hygiene 개인위생

critical issue 중대 사안

realize 실감하다

wash one's hands 손을 씻다

without even thinking about it
무의식적으로

spread germs 병균을 퍼뜨리다

respiratory system 호흡 기관

get rid of 제거하다

an integral part of 중요한/핵심 부분

have become the norm
보편적 대세로 자리 잡았다

etiquette 예절

coughing 기침

secretion 분비물

contain pathogens
병원균을 포함하다

cover one's mouth with one's sleeve
옷 소매로 입을 가리다

look out for
챙기다, 배려하다

010 **without even thinking about it** 무의식적으로

People often touch their nose or mouth without even thinking about it.

사람들이 자기도 모르게 코나 입을 만지게 된다.

I scratched my arm without even thinking about it.

나도 모르게 팔을 긁었다.

I threw it away without even thinking about it.

무의식적으로 그것을 버려버리고 말았다.

011 **spread germs** 병균을 퍼뜨리다

Touching one's face spreads germs to the respiratory system.

얼굴을 만지면 호흡기에 병균이 옮겨지게 된다.

You should wash your hands well to prevent spreading germs.

병균을 퍼뜨리지 않게 손을 잘 씻도록 해.

People can spread germs without even knowing it.

사람들은 본인도 모르게 병균을 퍼뜨릴 수도 있다.

012 **an integral part of** 중요한/핵심 부분

Washing your hands is an integral part of preventing disease.

손 씻기는 질병 예방의 아주 핵심 역할을 한다.

The introduction is an integral part of the report.

보고서 중 서론은 아주 핵심 부분이다.

This scene is an integral part of the movie.

이 장면은 영화에서 아주 중요한 부분이다.

DIALOGUE PRACTICE

음원 **04-2**

A Did you wash your hands?

B Sure. I washed them **as soon as** I came in.

A Did you wash them properly, with soap?
You usually **just go through the motions**.

B I just **rinsed them off**.

A Oh no! Go and wash them again. Do it properly this time.

> **A** 너 손 씻었어?
> **B** 응. 들어오자 마자 씻었지.
> **A** 비누로 잘 씻었어? 너 항상 대충 하잖아.
> **B** 그냥 물로 씻었는데.
> **A** 아이고! 가서 다시 씻고 와. 이번에는 꼼꼼히 씻으라고.

COMPOSITION PRACTICE

1 나는 무의식적으로 다리를 떤다. (without even thinking about it)

2 음식을 나눠 먹으면 병균을 옮길 수 있어. (spread germs)

3 그녀는 우리 팀의 중요한 일원이야. (an integral part of)

4 너무 피곤해서 대충대충 했다. (just go through the motions)

ANSWERS 1. I bounce my leg **without even thinking about it**.
2. Sharing food can **spread germs**.
3. She is **an integral part of** our team.
4. I was so tired that I **just went through the motions**.

Weight Control
체중 조절

강의 05

Today's TOPIC

5th

체중 조절은 매우 중요하다. 심장 질환이나 당뇨 등의 만성 질환 상당수가 과체중이 원인 중의 하나이다. 적절한 체중을 유지하도록 노력하는 것은 매우 중요하다. 특히 과도한 복부 비만은 많은 사람들이 겪는 문제이다.

체중을 적절하게 유지하기 위해서는 일단 식단을 조절하는 것이 중요하다. 나이가 들면 대사량이 떨어지면서, 더 쉽게 살이 찌는 경향이 있다. 식사를 조절하지 않으면, 자연스럽게 살이 찌게 마련이다.

규칙적인 운동도 큰 도움이 된다. 운동을 통해 열량 소모를 해야 살이 찌지 않는다. 무리한 다이어트를 하는 것보다는 올바른 생활 습관을 유지하는 것이 체중 조절에 가장 좋은 방법이다.

It's important to control your weight. Being overweight is **013** the leading cause of several **chronic illnesses**, like **heart disease** or **diabetes**. It's very important to try to **maintain a healthy weight**. Excess **belly fat** especially is a problem that many people have.

To control your weight, it's important to **014** watch what you eat. As people get older, their **basal metabolism** slows down, and they **put on pounds** more easily. Unless you **control your diet**, you **are bound to gain weight**.

Regular exercise is also very helpful. You should **015** burn calories by exercising to avoid **weight gain**. Rather than an **excessive diet**, the best way to control your weight is to have good **lifestyle habits**.

KEY **EXPRESSIONS**

the leading cause of ~의 주요 원인
chronic illness 만성 질환
heart disease 심장 질환
diabetes 당뇨병
maintain a healthy weight
건강한 체중을 유지하다
belly fat 복부 지방
watch what you eat 식단 조절을 하다
basal metabolism 기초 대사량

put on pounds 살이 찌다
control one's diet 식단 조절을 하다
be bound to 결국 ~하게 되다
gain weight 체중이 늘다
regular exercise 규칙적인 운동
burn calories 열량을 소모하다
excessive diet 과도한 다이어트
lifestyle habits 생활 습관

013 **the leading cause of** ~의 주요 원인

Being overweight is the leading cause of chronic illnesses.

과체중은 여러 만성 질환의 주요 원인 중 하나이다.

Speeding is the leading cause of traffic accidents.

과속은 교통사고의 주된 원인이다.

Smoking is the leading cause of lung cancer.

흡연은 폐암의 주된 원인이다.

014 **watch what you eat** 식단 조절을 하다

To control your weight, it's important to watch what you eat.

체중을 유지하기 위해서는 식단을 조절하는 것이 중요하다.

Now that you are older, you need to watch what you eat more.

이제 나이가 들었으니, 식단 조절을 더 꼼꼼히 해야 된다.

It's hard to watch what you eat while traveling.

여행을 하면서는 식단 조절을 하기가 힘들다.

015 **burn calories** 열량을 소모하다

You should burn calories by exercising to avoid weight gain.

운동을 통해 열량 소모를 해야 살이 찌지 않는다.

Jogging is a great way to burn calories.

조깅은 열량을 소모할 수 있는 좋은 방법이다.

You can't burn calories effectively if you do not work out.

운동을 안 하면 효과적으로 열량을 소모할 수 없다.

A Are you **on a diet**?

B Yeah. I think I need to **shed some weight**.

A Have you **gained a lot of weight**?

B I've put on a lot of **belly fat**. My clothes **don't fit well**.

A I see. Dieting is tough. **I've been there**.

> A 너 다이어트 하니?
> B 응. 살을 좀 빼야 할 거 같아서.
> A 체중이 많이 늘었어?
> B 복부 쪽에 살이 많이 붙었어. 옷이 잘 안 맞아.
> A 그렇구나. 다이어트 하는 거 힘든데. 나도 해봐서 알아.

COMPOSITION PRACTICE

1 자동차는 공기 오염의 주범 중 하나다. (the leading cause of)

2 당뇨가 있으면 특히 식단 조절을 해야 해. (watch what you eat)

3 어떤 사람들은 남들보다 칼로리를 더 쉽게 소모한다. (burn calories)

4 다이어트 중일 때는 탄산음료를 조금도 마시지 않았다. (be on a diet)

ANSWERS
1. Cars are **the leading cause of** air pollution.
2. You should **watch what you eat,** especially if you have diabetes.
3. Some people **burn calories** more easily than others.
4. While I **was on a diet**, I didn't drink soda at all.

DAY 06

Dental Care
치아 관리

Today's TOPIC

6th

치아 건강은 상당히 중요하다. 이가 건강해야 음식물을 잘 씹을 수 있다. 이가 아프면 제대로 식사를 할 수가 없어서 건강에 악영향을 미친다. 특히 치아나 잇몸에 통증이 있는 경우에는 일상생활에도 많은 지장을 준다.

치아 건강은 한 사람의 외모에도 많은 영향을 끼친다. 치아가 변색이 되어 누런 색이면 깔끔하지 못한 느낌을 준다. 마지막으로, 치아 상태가 좋지 않으면 입 냄새가 날 수도 있다. 이런 여러 가지 이유로 치아 관리는 매우 중요하다.

나는 최대한 자주 이를 닦으려고 노력한다. 일주일에 한두 번 정도 치실을 이용해서 이 사이사이를 닦아내기도 한다. 치아 관리를 위해서, 치과에도 정기적으로 가는 편이다. 치석을 제거하는 스케일링을 가장 자주 받는다.

Dental health is very important. You need healthy teeth to chew food. If you **get a toothache**, you can't eat properly, and this **takes a toll on your health**. If you **have pain in** your teeth or gums, it **has an effect on** your daily life.

Healthy teeth also influence a person's **physical appearance**. If your teeth turn yellow, they don't look clean.
Finally, unhealthy teeth can also cause **016 bad breath**.
For all of these reasons, it's important to **017 take good care of** your teeth.

I try to **brush my teeth as often as possible**. I **floss my teeth** once or twice each week to clean between my teeth.
I also **visit a dental clinic** regularly to keep my teeth healthy.
I usually **018 get my teeth cleaned** to remove **plaque**.

get a toothache 치통이 생기다
take a toll on one's health
건강에 악영향을 미치다
have pain in
~에 통증이 있다
have an effect on
~에 영향을 끼치다
physical appearance 외모
bad breath 입 냄새
take good care of
~을 잘 관리하다

brush one's teeth 이를 닦다
as often as possible
최대한 자주
floss one's teeth
치실질을 하다
visit a dental clinic
치과에 가다
get one's teeth cleaned
스케일링을 받다
plaque 치석

016 **bad breath** 입 냄새

Unhealthy teeth can also cause bad breath.
치아 상태가 좋지 않으면 입 냄새가 날 수도 있다.

I can't have bad breath on a blind date.
소개팅 때 입 냄새가 나면 안 되잖아.

My bad breath was caused by an infection.
입 냄새가 나는 것은 염증 때문이었다.

017 **take good care of** ~을 잘 관리하다

For all of these reasons, it's important to take good care of your teeth.
이처럼 여러 가지 이유로 치아 관리는 매우 중요하다.

It will last a long time, if you take good care of it.
관리만 잘 해주면 아주 오래 쓸 수 있을 것이다.

I promised to take good care of her dog.
그녀의 애완견을 잘 보살펴주겠다고 약속했다.

018 **get one's teeth cleaned** 스케일링을 받다

I usually get my teeth cleaned to remove plaque.
치석을 제거하는 스케일링을 가장 흔하게 한다.

It doesn't cost much to get my teeth cleaned.
스케일링을 받는 데 비용이 많이 들지 않는다.

I get my teeth cleaned twice a year.
매년 두 번씩 스케일링을 받는다.

DIALOGUE PRACTICE

A Why aren't you eating? I thought you liked Thai food.

B No, the food is delicious. It's because I have a toothache.

A **You should have that looked at.**
Toothaches don't just go away.

B You're right. I'll go to the dentist right after work.

A Yes, please do that.

> **A** 왜 안 먹어? 너 태국 음식 좋아하잖아.
> **B** 아니, 음식은 맛있어. 이가 너무 아파서 그래.
> **A** 진료를 받아보는 것이 좋겠어. 치통은 그냥 없어지지 않더라.
> **B** 그래 맞아. 일 끝나는 대로 치과에 가볼게.
> **A** 응, 꼭 그렇게 해.

COMPOSITION PRACTICE

1 근육에 통증이 있을 때는 스트레칭을 해본다. (have pain in)

2 휴대폰 관리를 잘 해서 아직도 새것 같아 보인다. (take good care of)

3 나 입 냄새 나는 거 같아. (bad breath)

4 스케일링을 하고 나면 아무것도 먹고 싶지 않다. (get one's teeth cleaned)

ANSWERS
1. When I **have pain in** my muscles, I try stretching.
2. My phone still looks new, because I **took good care of** it.
3. I think I have **bad breath**.
4. I usually don't want to eat anything after I **get my teeth cleaned**.

Eyesight and Eye Conditions

시력과 안구 질환

강의 07

Today's TOPIC

7th

나는 시력이 상당히 안 좋은 편이다. 어렸을 때부터 시력이 좋지 않아서 계속 안경을 썼다. 지금은 렌즈를 항상 끼고 다닌다. 이제는 일회용 렌즈들이 생겨서, 렌즈 사용이 매우 편리해진 시대이다. 눈이 나빠서, 시력 교정술을 받아 볼까 고민도 해봤지만, 그냥 받지 않기로 마음먹었다. 어디 나가지 않는 날은 눈을 쉬게 해주려고 안경을 낀다. 눈이 좋았으면 참 좋겠다.

요즘 들어서 눈이 건조해지는 경우가 더 잦아지고 있다. 컴퓨터 화면이나 전화기 화면을 오랜 시간 바라보면 눈이 정말 건조해진다. 눈을 뜨고 감는 것이 불편해서 안약을 넣지 않으면 안 될 정도가 된다. 그래서 항상 책상에 인공 눈물을 두고 쓴다. 그리고 지난번에는 왼쪽 눈이 충혈되고, 가렵기 시작했다. 눈에 염증이 생겼다는 것을 알게 되었다. 며칠간 약을 넣고 조심하니 상태가 호전되었다.

음원 **07-1**

I have **019** <u>poor eyesight</u>. I **have worn glasses** since I was young because I have always had **bad vision**. These days, I always **wear contacts**. Nowadays, there are **disposable contacts**, so it's really convenient. I **debated whether** to get **eye correction surgery**, but decided not to. When I don't go out, I wear glasses to **020** <u>rest my eyes</u>. I would like to have **021** <u>20/20 vision</u>.

These days, my **eyes get dried out** very often. They really get dry when I stare at my computer screen or phone **for an extended period of time**. It gets hard to open and shut my eyes, so I need to **apply eye drops**. I always **keep some within arm's reach** on my desk. A while ago, my left eye **became bloodshot** and began to itch. I learned I had an **eye infection**. I got better after applying medicine and **being careful** for a few days.

KEY **EXPRESSIONS**

poor eyesight/bad vision
나쁜 시력

wear glasses 안경을 쓰다
wear contacts 렌즈를 끼우다
disposable contacts
일회용 렌즈

debate whether
여부를 고민해보다

eye correction surgery
시력 교정술

rest one's eyes 눈을 쉬게 하다
20/20 vision 매우 좋은 시력

eyes get dried out
눈이 건조해지다

for an extended period of time
장시간 동안

apply eye drops 안약을 넣다
keep ~ within arm's reach
～을 가까운 곳에 두다

become bloodshot
충혈되다

eye infection 안구 염증
be careful 조심하다

019 poor eyesight / bad vision 나쁜 시력

I have poor eyesight.

나는 시력이 상당히 안 좋은 편이다.

I can't drive because of my bad vision.

시력이 너무 안 좋아서 운전을 할 수 없다.

I have thick glasses because of my poor eyesight.

시력이 워낙 나빠서 안경이 두껍다.

020 rest one's eyes 눈을 쉬게 하다

When I don't go out, I wear glasses to rest my eyes.

어디 나가지 않는 날은 눈을 쉬게 해주려고 안경을 낀다.

I was only going to rest my eyes, but I fell asleep.

눈만 좀 쉬게 할 계획이었는데 잠들고 말았다.

I rest my eyes at least once an hour when I work.

일을 할 때는 최소한 한 시간에 한 번씩 눈을 쉬게 한다.

021 20/20 vision 매우 좋은 시력

I would like to have 20/20 vision.

눈이 좋았으면 참 좋겠다.

I used to have 20/20 vision when I was younger.

어릴 때는 시력이 아주 좋았었다.

I didn't get 20/20 vision, but my eyesight definitely got better.

시력이 완벽해진 것은 아니지만, 분명 나아졌다.

A Hey, did you see him?

B Who? I didn't see anybody.
What are you talking about?

A It was that famous actor from the movie!

B Oh no! I can't see anything without my glasses.
I'm as blind as a bat.

A Don't you **have your contacts on** today?

> **A** 얘, 저 사람 봤어?
> **B** 누구? 난 아무도 못 봤는데. 무슨 얘기인지 설명 좀 해봐.
> **A** 그 영화에 나온 유명 영화배우잖아!
> **B** 이런! 난 안경 없이는 아무것도 안 보여. 시력이 정말 안 좋아.
> **A** 오늘 렌즈 안 끼고 온 거야?

COMPOSITION PRACTICE

1 눈을 쉬게 하려고 창밖을 바라봤다. (rest one's eyes)

2 그는 나이가 상당히 많은데도 여전히 시력이 아주 좋다. (20/20 vision)

3 항상 가까운 곳에 물티슈를 구비한다. (keep ~ within arm's reach)

4 나는 렌즈 없이는 하나도 안 보여요. (as blind as a bat)

ANSWERS
1. I looked out the window to **rest my eyes**.
2. He's quite old, but he still has **20/20 vision**.
3. I always **keep** some wet-naps **within arm's reach**.
4. I am **as blind as a bat** without my contacts.

Back Problems

허리 증세

Today's TOPIC

8th

허리 통증을 호소하는 이들이 주변에 매우 많다. 만성적인 요통이 있는 경우, 정상적인 생활을 하기 힘들어진다. 허리 문제는 보통 쉽게 치료가 되지 않기 때문에 애당초 예방을 하는 것이 무엇보다 중요하다.

가장 중요한 것은 평상시에 좋은 자세를 유지하는 것이다. 일부 사람들은 의자에 앉을 때, 구부정한 자세로 앉는다. 이로 인해 허리에 부담을 주게 되고, 이는 당연히 좋을 리가 없다. 자세가 나쁘면 척추 측만증이 생기기 쉽다. 이것은 척추가 비정상적인 방향으로 휘는 증상이다.

한편 척추 안의 디스크 또한 나이가 들어가면서 점차 닳아 없어진다. 이는 디스크 증세로 이어질 수 있는데, 큰 통증을 수반하게 되고 수술을 받아야 하는 경우도 있다.

 **SPEECH PRACTICE**

음원 08-1

There are many people who **complain of back problems.**
022 Chronic back pain can make it impossible to **function normally.** Back problems usually can't **be treated simply,** so it's most important to **prevent them in advance.**

The most important thing is to **023** maintain good posture at all times. Some people **024** slouch over when they sit in a chair. This **puts a load on** the back, and of course **is no good.** Bad posture can lead to **scoliosis.** This is a condition where your spine **curves the wrong way.**

Meanwhile, our discs in our spines can also **wear out** as we get older. This can lead to a **herniated disc.** It causes **severe pain** and can **require surgery.**

| KEY | EXPRESSIONS |

complain of back problems
요통을 호소하다

chronic back pain 만성 요통
function normally 정상적인 생활을 하다
be treated simply 간단하게 치료되다
prevent ~ in advance
~을 사전에 예방하다

maintain good posture
바른 자세를 유지하다

slouch over
구부정한 자세를 하다

put a load on ~에 무리를 주다
be no good 좋지 않다
scoliosis 측만증
curve the wrong way
비정상적인 방향으로 휘다

wear out 닳다
herniated disc 디스크 증세
severe pain 심한 통증
require surgery
수술을 필요로 하다

DAY 08 Back Problems **55**

022 **chronic back pain** 만성 요통

Chronic back pain can make it impossible to live normally.
만성 요통은 정상적인 생활을 불가능하게 만들 수도 있다.

Many people have chronic back pain these days.
요즘은 만성 요통이 있는 사람이 많다.

I had to take medicine because of chronic back pain.
만성 요통 때문에 약을 먹어야 했다.

023 **maintain good posture** 바른 자세를 유지하다

The most important thing is to maintain good posture at all times.
가장 중요한 것은 늘 바른 자세를 유지하는 것이다.

Learning ballet helps people maintain good posture.
발레를 배우면 바른 자세를 유지하는 데 도움이 된다.

Maintaining good posture is difficult when using a laptop.
노트북 컴퓨터를 사용할 때는 바른 자세를 유지하기 힘들다.

024 **slouch over** 구부정한 자세를 하다

Some people slouch over when they sit in a chair.
일부 사람들은 의자에 앉을 때, 구부정한 자세로 앉는다.

People slouch over more when they are tired.
사람들은 피곤하면 구부정한 자세를 하는 경우가 많아진다.

I often slouch over when I use my computer.
나는 컴퓨터를 구부정한 자세로 사용하는 경우가 많다.

A What's wrong? Are you hurt?

B I'm having back problems. It's very painful.

A **I know what you're going through**. I've had back pain before.

B How did you get it treated?

A I had to **get surgery** on my back.

> **A** 왜 그래? 어디 다쳤어?
> **B** 허리가 아프네. 통증이 아주 심해.
> **A** 나도 어떤 느낌인지 알아. 전에 허리가 아팠던 적이 있거든.
> **B** 어떻게 치료했어?
> **A** 허리 수술 받았어.

COMPOSITION PRACTICE

1 **카펫이 낡고 닳았다.** (wear out)

2 **나쁜 자세는 허리에 무리를 주게 된다.** (put a load on)

3 **기지개를 자주 펴면 구부정한 자세를 하지 않는다.** (slouch over)

4 **일을 할 때 바른 자세를 유지하려고 노력한다.** (maintain good posture)

ANSWERS
1. The carpet is old and **worn out**.
2. Bad posture **puts a load on** your back.
3. You won't **slouch over** if you stretch often.
4. I try to **maintain good posture** when I work.

Shoulder Pain

어깨 결림

강의 **09**

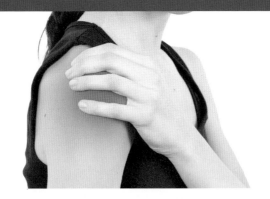

Today's TOPIC

9th

많은 사람들이 결린 어깨가 아파서 고생을 한다. 주로 운동을 충분히 하지 못하고, 책상에 오래 앉아서 공부를 하거나 일을 해서 그렇다. 이러한 생활 습관과, 나쁜 자세가 주로 어깨 결림 증상을 유발하는 원인들이다. 어찌 보면 현대인들의 만성 질환 중의 하나라고 볼 수 있다.

또한 갑작스러운 혹은 과도한 운동으로 인해서 어깨가 결릴 수도 있다. 어깨 결림이 계속되면, 오십견으로 이어질 수 있다. 이는 어깨 관절 주변에 있는 연결 조직에 염증이 생기는 것이다.

이로 인해 만성적 결림과 어깨 움직임에 제한이 생기며, 심한 통증도 유발된다. 오랜 기간 동안 지속될 수 있고, 치료도 쉽지 않다. 의료진의 도움을 받고, 꾸준한 운동을 하고, 좋은 자세를 유지하는 것이 근본적인 해결책이다.

음원 09-1

A lot of people suffer from painful, **stiff shoulders**. Usually, it's because they don't **get enough exercise**. They **stay seated** at their desks to study or work **for long periods of time**. These **025** lifestyle habits and **bad posture** are the causes of stiff shoulders.

In a way, it's a **chronic affliction** for modern people. Sudden or **excessive exercise** can also cause stiff shoulders. If **a stitch in** the shoulder **026** goes on, it can lead to **frozen shoulder**. This is **an inflammation of** the **connective tissue** near the shoulders.

This can lead to **chronic stiffness, limited movement** and **027** severe pain. It can **last for a long time**, and **there's no easy cure**. The **fundamental solution** is to **seek medical aid**, **exercise regularly**, and **maintain good posture**.

KEY **EXPRESSIONS**

stiff shoulders 결린 어깨
get enough exercise 충분한 운동을 하다
stay seated 앉아 있다
for long periods of time 장기간 동안
lifestyle habits 생활 습관
bad posture 나쁜 자세
in a way 어찌 보면
chronic affliction 만성 질환
excessive exercise 무리한 운동
a stitch in ~의 결림
go on 지속되다
frozen shoulder 오십견
an inflammation of ~의 염증

connective tissue 연결 조직
chronic stiffness 만성 결림
limited movement 제한된 움직임
severe pain 심한 통증
last for a long time 오랫동안 지속되다
there's no easy cure
쉽게 치료할 방법이 없다
fundamental solution 근본적인 해결책
seek medical aid 의료진의 도움을 구하다
exercise regularly 꾸준히 운동하다
maintain good posture
좋은 자세를 유지하다

025 **lifestyle habits** 생활 습관

These lifestyle habits are the causes of stiff shoulders.
이러한 생활 습관이 어깨 결림의 원인이다.

Most successful people have good lifestyle habits.
대부분의 성공한 사람은 생활 습관이 좋다.

For most people, lifestyle habits are hard to change.
대부분의 사람들에게 생활 습관이란 고치기가 힘들다.

026 **go on** 지속되다

Sometimes, a stiff shoulder can go on for a long time.
때로는 어깨 결림이 오랫동안 지속될 수도 있다.

The noise went on, but I tried to ignore it.
소음이 지속되었지만 신경 쓰지 않으려고 했다.

The lecture seemed to go on forever.
수업이 끝도 없이 지속되는 것만 같았다.

027 **severe pain** 극심한 통증

This can lead to severe pain.
이것은 극심한 통증으로 이어질 수 있다.

I had to take painkillers due to the severe pain.
나는 극심한 통증 때문에 진통제를 복용해야 했다.

Some patients have severe pain in their stomach.
일부 환자들은 극심한 복부 통증을 느낀다.

A What's wrong? Are you sick?

B I slept at my desk yesterday and I **have a stiff shoulder**. It really hurts.

A How bad is it? Will you be okay?

B **It's driving me nuts**. I can't even focus on my work.

A Why don't you stretch your muscles or **get a massage**?

> A 왜 그래? 어디 아파?
> B 어제 책상에서 잤더니 어깨가 결려. 많이 아프네.
> A 얼마나 심해? 괜찮겠어?
> B 미쳐버릴 것 같아. 일에 집중도 못하겠어.
> A 근육 스트레칭을 조금 해보든가, 마사지를 받지 그래?

COMPOSITION PRACTICE

1 아버지로부터 좋은 생활 습관을 많이 배웠다. (lifestyle habits)

2 약을 먹었지만 통증이 지속되었다. (go on)

3 그는 극심한 통증이 있었다고 말한다. (severe pain)

4 어깨가 심하게 결려서 너무 괴로워. (have a stiff shoulder)

ANSWERS
1. I learned a lot of good **lifestyle habits** from my father.
2. I took some medicine, but the pain **went on**.
3. He says he used to have **severe pain**.
4. I feel miserable because I **have a stiff shoulder**.

Cancer
암

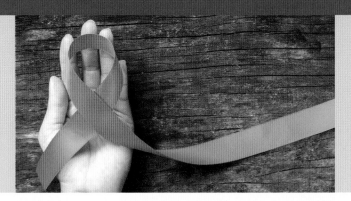

Today's TOPIC

10th

암은 우리의 건강을 위협하는 가장 중대 질환 중의 하나이다. 우리나라에서 가장 흔하게 발생하는 암은 위암이다. 그 다음으로 대장암, 갑상선암, 폐암, 유방암, 간암 순으로 자주 발생한다.

의학 기술이 많이 발전하면서 화학 치료와 수술을 통해 암을 치료한다. 암 환자들의 5년 생존율은 예전에 비해서 많이 올라갔다. 특히 가족 중에 암 발병 사례가 있을 경우, 건강에 더욱 신경을 써야 한다. 정기적인 검사를 통한 조기 진단이 특히 중요하다.

암 선고 자체가 환자 본인과 가족들에게 주는 충격은 작지 않다. 무엇보다 암 발병을 더 쉽게 할 수 있는 흡연과 같은 나쁜 생활습관을 피해야 한다.

Cancer is one of the major illnesses that **pose a threat** to our health. The most common **form of cancer** in Korea is stomach cancer. After that, there are intestinal, thyroid, lung, breast, and liver cancers, **in order of** how often they occur.

Medical technology `028` **has come a long way**. Cancer can be treated through **chemo** and by **undergoing surgery**. The **five-year survival rate** for cancer patients is much higher now. In particular, those with a **family history** of cancer should really `029` **pay closer attention to** their health. **Early diagnosis** through **regular check-ups** is especially important.

A cancer diagnosis will certainly `030` **come as a shock** to the patient and his or her family. Poor **lifestyle habits** like smoking are **triggers** for cancer and should be avoided.

KEY EXPRESSIONS

pose a threat 위협을 가하다
form of cancer 암 유형
in order of ~순으로
have come a long way 크게 발전하다
chemo (**chemotherapy**)
화학 항암 치료
undergo surgery 수술을 받다
five-year survival rate
5년 생존율
family history 가족력

pay closer attention to
~에 더 집중하다/신경을 쓰다
early diagnosis 조기진단
regular check-up
정기적인 검사
come as a shock
큰 충격이다
lifestyle habits 생활 습관
trigger 유발 요인

028 **have come a long way** 크게 발전하다

Medical technology has come a long way.
의학 기술이 많이 발전했다.

He has come a long way **in the five years he has worked here.**
그는 이곳에서 5년간 일하면서 많이 발전했다.

Computer technology has come a long way **since the 90s.**
90년대 이후로 컴퓨터 기술은 크게 발전했다.

029 **pay closer attention (to)** (~에) 더 집중하다/신경을 쓰다

People should really pay closer attention to **their health.**
건강에 정말 더 신경을 써야 한다.

I tried to pay closer attention, **but it was too noisy.**
더 집중을 하려고 했지만, 너무 시끄러웠다.

I pay closer attention to **my kids.**
우리 아이들에게 신경을 더 많이 쓰는 편이다.

030 **come as a shock** 큰 충격이다

A cancer diagnosis will come as a shock **to the patient.**
암 선고가 환자 본인에게 주는 충격은 작지 않다.

I've been warning you, so this shouldn't come as a shock.
내가 계속 경고를 했기 때문에 이건 충격적일 것도 없다.

The news came as a shock **to everyone.**
그 소식을 접하고 모두가 큰 충격을 받았다.

A You look worried about something. Is something wrong?

B It's my grandfather. He was **diagnosed with prostate cancer.**

A Oh no, **I'm very sorry to hear that.**

B Yeah, I'm really worried.

A I hope he **gets treated well** and **fully recovers.**

> **A** 뭔가 걱정거리가 있어 보이네. 무슨 문제라도 있는 거야?
> **B** 할아버지 때문에 그래. 전립선 암에 걸린 것으로 진단 받으셨어.
> **A** 아이고 저런! 그것 참 안됐구나.
> **B** 응, 걱정이 많이 돼.
> **A** 치료 잘 받으셔서 꼭 완쾌하셨으면 좋겠다.

COMPOSITION PRACTICE

1 우리는 많이 발전했지만, 아직 끝난 것은 아니야. (come a long way)

_____

2 아버지께서 말씀을 하시면 항상 경청하려고 노력한다. (pay close attention)

_____

3 이것은 일부 사람들에게는 충격으로 다가올 수 있다. (come as a shock)

_____

4 전염병은 우리 건강에 위협을 끼친다. (pose a threat)

_____

ANSWERS
1. We've **come a long way**, but we're not done yet.
2. I always try to **pay close attention** when my father says something.
3. This may **come as a shock** to some people.
4. Infectious diseases **pose a threat** to our health.

TRANSPORTATION

교통 ————

RELATED QUESTIONS
주제별 스피치 향상을 위한 질문 모음

Try to answer the questions based on each topic.

DAY 11 TOPIC 대중교통

1 Do you prefer buses or the subway? Explain your preference.
2 Is the public transport in Korea easy to use? Why do you think so?
3 What are the pros and cons of public transportation compared to driving?

DAY 12 TOPIC 지하철

1 How often do you use the subway?
  What do you like or dislike about it?
2 What is the subway system like in other cities or countries?
3 Talk about an unusual experience you had on the subway.
  Why was it memorable?

DAY 13 TOPIC 택시

1 Do you think taxis are cheap or expensive in Korea?
  Why do you think so?
2 When do you normally use taxis instead of buses?
3 Explain how to use an app to call a taxi.

DAY 14 `TOPIC` 항공사

1 What are the pros and cons of low cost carriers?
2 Share some tips for getting a good seat by plane.
3 What is your favorite thing about flying?
  What's your least favorite thing?

DAY 15 `TOPIC` 항공편 이용

1 Do you enjoy traveling by plane? Why or why not?
2 What is the most difficult part about traveling by plane?
3 What are some things you can do during a long flight?

Public Transportation
대중교통

Electric Bus

Today's TOPIC

11th

대한민국의 대중교통은 매우 발달해 있다. 특히 서울을 중심으로 한 주변 수도 권의 대중교통은 전 세계 최고 수준이라고 해도 과언이 아니다.

일단, 여러 개 노선이 있는 지하철을 통해 거의 전 지역으로 이동할 수 있다. 버 스 체계도 매우 잘 되어 있다. 도심만 운행하는 버스인지, 시외로 운행하는 버 스인지에 따라, 버스 색상이 다르게 칠해져 있다. 요즘은 특히 여러가지 교통 관련 앱으로, 버스나 지하철의 배차 시간을 실시간으로 확인할 수 있다. 지하 철역과 버스 정류장의 디지털 화면에도 안내가 되기도 된다.

전국적으로는 KTX와 SRT의 초고속 열차와 여러 편의 국내선 항공편이 있다. 이러한 교통편을 이용하면 각 지방 도시까지 매우 쉽게 갈 수 있다.

Korea has excellent public transportation. It's not a stretch to say that the public transportation around the capital area is **031** <u>world class.</u>

First, there is a subway system with a lot of routes, and you can **032** <u>find your way</u> almost anywhere using the subway. The bus system is also top-notch. The buses are color-coded depending on whether they run in **033** <u>downtown areas</u> or to other cities. These days, you can use various transportation apps to check the timetables for buses and subway trains in real time. Notice boards at stations and bus stops are digital displays.

On a national level, there are bullet trains called the KTX and SRT and lots of domestic flights. Traveling to different cities is very easy if you use these means of transportation.

KEY EXPRESSIONS

public transportation 대중교통
it's not a stretch to say
〜이라 해도 과언이 아니다
capital area 수도권
world class 세계 최고 수준
find one's way 길을 찾아가다
top-notch 최고 수준의
color-coded 색깔 별로 구분된
downtown area 도심지역
check the timetables 시간표를 확인하다

in real time 실시간으로
notice board 알림판
digital display 디지털 화면
on a national level 전국적으로
bullet train 초고속 열차
domestic flight 국내 항공편
different city 타 도시
means of transportation
이동 수단

031 **world class** 세계 최고 수준

The public transportation in Korea is world class.
한국의 대중교통은 세계 최고 수준이다.

The products made by the company are world class.
그 회사에서 생산하는 제품들은 세계 최고 수준이다.

The food is world class, **but it's very expensive.**
음식은 세계 최고 수준이지만, 매우 비싸다.

032 **find one's way** 찾아가다

You can find your way **almost anywhere using the subway.**
거의 모든 지역을 지하철을 통해 갈 수 있다.

If you can't find your way, **just ask for help.**
찾아가지 못하겠으면 그냥 도움을 청해.

I used this app to find my way **everywhere, so I never got lost.**
어디든 찾아갈 때 이 앱을 사용해서 길을 잃지 않았다.

033 **downtown area** 도심 지역

Some buses only run in downtown areas.
일부 버스는 도심 지역에서만 운행된다.

It's hard to park in the downtown area.
도심 지역에서는 주차를 하기가 힘들다.

Many young people head to downtown areas **on weekends.**
많은 젊은이들은 주말에 도심 지역으로 향한다.

A Excuse me, could you tell me where the subway station is?

B Sure. **It's easy to find**. Do you know where the post office is?

A I think so. It's that big red building over there, right?

B That's right. The subway station is in front of it. **You can't miss it**.

A Thank you so much. Have a good day.

> **A** 실례합니다만, 지하철역이 어디에 있는지 알려주시겠어요?
> **B** 그럼요. 찾기 쉬워요. 혹시 우체국은 어디에 있는지 아세요?
> **A** 알 것 같아요. 저쪽에 있는 큰 붉은 색 건물 맞죠?
> **B** 맞아요. 전철역은 그 앞에 있어요. 딱 눈에 띄어요.
> **A** 정말 감사합니다. 좋은 하루 되세요.

COMPOSITION **PRACTICE**

1 네비게이션을 이용하면 길을 찾기가 더 쉽다. (find one's way)

---

2 도심 지역에서는 택시를 잡기가 힘들었다. (downtown area)

---

3 나는 수도권에서 대학을 다녔다. (capital area)

---

4 한국의 무선 인터넷 속도는 세계 최고 수준이다. (world class)

ANSWERS
1. It's easier to **find your way** if you use GPS.
2. It was hard to catch a taxi in the **downtown area**.
3. I went to college in the **capital area**.
4. Wi-Fi speeds in Korea are **world class**.

DAY 12

Subway
지하철

강의 **12**

Today's TOPIC

12th

서울 메트로는 대중교통의 모범 사례다. 편리하고 요금 또한 저렴하다. 무엇보다도 이용이 매우 쉽다. 정말 다방면으로 우수하다. 서울을 처음 방문하는 사람들은 지하철이 얼마나 잘 정비되어 있는지에 놀라곤 한다. 게다가 거의 모든 곳에 지하철역이 있다. 어디에 있든 주변에 지하철역이 하나 있을 가능성이 높다.

다양한 지하철 노선이 서울 및 주변 지역을 대부분을 이어준다. 노선은 매우 많지만 그렇다고, 이용할 때 겁이 나거나 그렇지는 않는다. 노선들이 직관적인 편이기 때문이다. 지하철을 이용하다가 길을 잃는 경우는 드물다. 지하철 이용 시에는 교통 카드를 구입하여 여러 번 재사용하는 것이 좋다. 신용 카드에 교통 카드 기능을 추가할 수도 있다.

The Seoul Metro is a model of public transportation. It's very convenient and affordable. Above all, it's easy to use. It really is **034** <u>the full package</u>. First-time visitors to Seoul are often surprised by how well-organized the subway system is. What's more, the subway stations **035** <u>are all over the place</u>. Wherever you are, a station is probably nearby.

The different lines cover almost all of Seoul and the surrounding areas. There are many subway lines, but it's not intimidating. That's because the routes are pretty straightforward. It's unlikely that you will **036** <u>get lost</u>. It's best to get a transportation card and use it over and over again. You can also add a transportation card function to your credit card.

KEY **EXPRESSIONS**

be a model of ~의 모범 사례다
public transportation 대중교통
convenient 편리한
affordable 가격이 저렴한
the full package
다방면으로 우수한 것/사람
first-time 처음으로 해보는
well-organized 잘 정비된
be all over the place 어디에나 있다

wherever you are 어디에 있든
the surrounding area
주변 지역
intimidating 겁이 나는
straightforward 직관적인
get lost 길을 잃다
transportation card 교통 카드
over and over again
여러 번 반복해서

034 **the full package** 다방면으로 우수한 것

The subway system is the full package.

지하철 체계는 다방면으로 우수하다.

This new phone is the full package.

이 신형 전화기는 다방면으로 우수하다.

The washer and the dryer are the full package.

이 세탁기와 건조기는 다방면으로 우수하다.

035 **be all over the place** 어디에나 있다

Subway stations are all over the place.

어디에 가든 지하철역이 있다.

Coffee shops are all over the place **in Korea.**

한국에는 어딜 가나 커피숍이 하나쯤은 있다.

In the spring seasons, flowers are all over the place.

봄철에는 어디에나 꽃이 피어 있다.

036 **get lost** 길을 잃다

It's unlikely that you will get lost.

길을 잃을 가능성은 희박하다.

I get lost **all the time when I drive.**

나는 운전을 하다가 길을 자주 잃는다.

It took me a while to get there because I got lost.

길을 잃어서 거기까지 가는 데 시간이 제법 걸렸다.

DIALOGUE PRACTICE

A Uh-oh. **We're in trouble**.

B What's wrong?

A **The last subway train** is in 5 minutes.

B Oh, no! **We had better get a move on**.

A If we miss the last train, we will have to **cab it**. It's going to be expensive.

> A 이런. 우리 큰일 났다.
> B 왜?
> A 지하철 막차가 5분 후야.
> B 아이고. 우리 서둘러서 움직여야겠다.
> A 막차 놓치면, 택시 타야 하는데. 그러면 비싸.

COMPOSITION PRACTICE

1 그곳은 대중교통이 정말 잘 되어 있어. (well-organized)

_____

2 노래방은 어디를 가든 찾을 수 있다. (be all over the place)

_____

3 길을 잃지 않도록 조심해. (get lost)

_____

4 노래를 여러 번 반복해서 들었다. (over and over again)

_____

ANSWERS 1. Public transportation is very **well-organized** there.
2. Karaoke rooms **are all over the place**.
3. Be careful not to **get lost**.
4. I listened to the song **over and over again**.

Taxis

택시

Today's TOPIC

외국 관광객들은 한 목소리로 한국 택시에 대해 칭찬을 하는 경우가 많다. 차량도 깨끗한 편이고, 택시 요금도 합리적인 편이라는 것이 대체적인 평이다. 게다가 더 좋은 것은 택시 요금을 카드로 결제할 수 있다는 것이다.

일부 지역이나 특정 시간대에 택시를 잡는 것이 힘들었던 시절도 있었다. 그러나 택시를 부르는 스마트폰 앱들이 있어서 그 문제도 상당 부분 개선되었다. 또한 근래에는 택시들의 종류도 정말 다양하다. 서비스의 종류에 따라서 요금은 다르지만, 승객 입장에서 선택의 폭이 더 넓어지고 있다.

한편, 택시들은 자정부터 할증 요금을 적용한다. 목적지가 시외인 경우에도 할증 요금이 부과된다.

Foreign tourists often **037 speak highly of** taxis in Korea. The general consensus is that they are fairly clean, and the cab fares are quite reasonable. Best of all, passengers can pay taxi fares using credit cards.

In the past, it was hard to **038 hail a cab** in certain areas or at certain hours of the day. However, smartphone apps for hailing cabs have resolved much of this problem. Also, there is a wider variety of taxis these days. They all offer different services, so passengers have more options to choose from.

Meanwhile, taxis **039 charge a higher rate** from midnight. There is also a surcharge if your destination is outside the city.

KEY **EXPRESSIONS**

speak highly of
~에 대해 칭찬하다, 높게 평가하다

general consensus 대체적인 평

fairly clean 제법 깨끗한

fare/cost is reasonable
비용이 합리적이다

pay ~ fare ~ 비용을 지불하다

hail a cab 택시를 잡다

certain area 특정 지역

certain hours of the day 특정 시간대

resolve a problem
문제를 해결하다, 직시하다

a wider variety of 더 다양한 종류의

have more options to choose from
선택의 폭이 더 넓다

charge a higher rate
할증/추가 요금을 부과하다

surcharge 할증 요금

037 **speak highly of** 칭찬하다, 높게 평가하다

Foreign tourists often speak highly of taxis in Korea.

외국 관광객들은 한국 택시에 대해 칭찬을 하는 경우가 많다.

Most parents speak highly of their kids.

부모들은 대부분 자식들을 높이 평가한다.

My friends spoke highly of that restaurant.

친구들이 그 음식점을 극찬했다.

038 **hail a cab** 택시를 잡다

It was hard to hail a cab at certain hours of the day.

특정 시간대에 택시를 잡는 것이 힘들었던 시절도 있었다.

Hailing a cab is easy if you use an app.

앱을 이용하면 택시 잡는 것이 매우 쉽다.

It is not hard to hail a cab in almost all neighborhoods.

어느 지역에서든 택시를 잡기가 어렵지 않다.

039 **charge a higher rate** 할증/추가 요금을 부과하다

Taxis charge a higher rate from midnight.

택시들은 자정부터 할증 요금을 부과한다.

Hotels charge a higher rate during the peak season.

호텔들은 성수기 때 더 높은 숙박료를 적용한다.

They usually charge a higher rate for the additional service.

추가 서비스에 대해서는 주로 추가 요금을 부과한다.

A We are **close to your destination**.

B Oh, I see the building there. **Can you drop me off here**?

A Sure. That will be 9,500 won.

B Thank you. Can I use my card?

A Of course. Just **swipe your card** over the pad here.

> A 목적지에 거의 다 와갑니다.
> B 아, 저기 건물이 보이네요. 여기 내려주시겠어요?
> A 네. 9,500원입니다.
> B 감사합니다. 카드 이용해도 되죠?
> A 그럼요. 여기 기기판에 카드를 대세요.

COMPOSITION **PRACTICE**

1 그녀의 선생님들은 모두 그녀를 칭찬했다. (speak highly of)

2 내 차는 항상 제법 깨끗해. (fairly clean)

3 이 시간대에는 택시 잡는 것이 정말 힘들어. (hail a cab)

4 택시들은 자정에서 새벽 4시까지 할증 요금을 부과해. (charge a higher rate)

ANSWERS
1. All of her teachers **spoke highly of** her.
2. My car is always **fairly clean**.
3. It is hard to **hail a cab** at this hour.
4. Taxis **charge a higher rate** from midnight to 4 a.m.

Today's TOPIC

14th

대형 항공사는 기내에서 모든 서비스를 제공하는 것을 가장 큰 장점으로 꼽을 수 있다. 좌석 등급에 따라 차이는 있겠지만, 기내식과 같은 거의 모든 서비스를 제공한다. 더불어, 대형 항공사들은 장거리 노선도 직항 노선이 많아 편한 여행이 가능하다. 또한, 마일리지 적립도 더 쉽다. 이러한 대형 항공사의 유일한 단점은 가격이 비싸다는 것이다.

저비용 항공사는 불필요한 서비스를 줄여, 저렴한 운임을 제공하는 항공사를 말한다. 저비용 항공사는 기내식이나 기내 음료를 무료로 제공하지 않는 경우가 많다. 필요한 경우 돈을 내고 사야 한다. 더불어, 허용하는 위탁 무료 수하물 무게도 더 낮다. 그러나 대부분의 승객들은 저렴한 가격으로 항공권을 사기 위해, 이러한 서비스를 기꺼이 포기한다.

The biggest advantage of full service carriers is that they provide all services on their planes. There are differences depending on seat class. However, they provide most services like in-flight meals. FSCs also make it easy to travel since they have direct flights for long-haul routes. It's also easier to 040 **collect frequent flyer miles**. The only drawback of major airlines is that they are very pricey.

Low cost carriers are airlines that provide affordable prices by 041 **doing away with** unnecessary services. Often, they don't provide in-flight meals or drinks free of charge. If you need them, you have to pay. The maximum weight allowed for checked baggage is lower, too. However, most passengers are more than willing to 042 **make do without** these services. Instead, they get lower prices for tickets.

KEY EXPRESSIONS

biggest advantage 최대 장점
full service carrier 대형 항공사
seat class 좌석 등급
in-flight meal 기내식
direct flight 직항 노선
long-haul route 장거리 노선
collect frequent flyer miles
마일리지를 적립하다
the only drawback 유일한 단점
pricey 비싼

low cost carrier 저가 항공사
affordable prices 합리적인 가격
do away with 없애다
free of charge 무료로
checked baggage 위탁 수하물
be more than willing to
기꺼이 ~하다
make do without
~없이 지내다/만족하다

040 **collect frequent flyer miles** 마일리지를 적립하다

It's also easier to collect frequent flyer miles.
마일리지 적립도 더 쉽다.

I am collecting frequent flyer miles to go on a vacation next year.
내년에 휴가를 가려고 마일리지를 적립하고 있다.

This is the best credit card for collecting frequent flyer miles.
마일리지를 적립하기에는 이 신용 카드가 제일 좋다.

041 **do away with** 없애다

Low cost carriers are airlines that do away with unnecessary services.
저비용 항공사는 불필요한 서비스를 생략하는 항공사이다.

Cafés should do away with plastic straws.
커피숍들은 플라스틱 빨대를 없애야 된다.

I don't regret doing away with our TV.
TV를 없애버린 것을 후회하지 않는다.

042 **make do without** ～없이 지내다/만족하다

Most passengers don't mind making do without these services.
대부분의 승객들은 이러한 서비스를 기꺼이 포기한다.

It's hard to make do without a smartphone these days.
요즘은 스마트폰 없이 지내기가 쉽지 않다.

They had to make do without their star player.
그들은 스타 선수 없이 경기를 해야 했다.

A I heard you went to Hawaii for your vacation.

B Yes, I did! I got a great price because I used a **low cost carrier**.

A Oh, how was it? It was **quite a long flight**, wasn't it?

B **It wasn't half bad.**
The seats were comfortable, and I slept during the flight.

A I see.

> **A** 너 휴가로 하와이 다녀왔다면서.
> **B** 저가 항공사를 이용해서, 가격이 정말 좋았어.
> **A** 아, 어땠어? 비행시간이 제법 긴 노선 아니야?
> **B** 그럭저럭 괜찮았어. 좌석도 편했고, 비행 중에 거의 잤어.
> **A** 그랬구나.

COMPOSITION PRACTICE

1 직항 노선으로 가면 금방 갈 수 있어. (direct flight)

2 약간 무겁다는 것이 유일한 단점이야. (the only drawback)

3 그 규정은 없애야 한다고 생각해. (do away with)

4 하루 동안 휴대폰 없이 지내보려고 해봤다. (make do without)

ANSWERS
1. You can get there very quickly if you take a **direct flight**.
2. **The only drawback** is that it's a little heavy.
3. I think we should **do away with** that regulation.
4. I tried to **make do without** my phone for a day.

DAY
15

Air Travel

항공편 이용

강의 **15**

Today's TOPIC

15th

작년 여름휴가 때는 태국에 갔다. 비행기에 탑승하고 자리를 찾아갔다. 기내
수하물을 짐칸에 넣었다. 그리고 앉아서 안전벨트를 맸다. 승무원들이 안전 수
칙 시범을 진행했다. 곧 이륙했다.

얼마 후 승무원들이 음료 카트를 가지고 지나갔다. 나중에는 기내식을 먹었다.
기내 면세품도 샀다. 기회를 놓치기에는 가격이 너무 아까웠다. 좌석 앞에 화
면으로 영화를 한편 보기도 했다.

비행 도중에 한두 번은 난기류를 경험했다. 선체가 많이 흔들려서, 나는 바짝
긴장했다. 기장이 안전벨트 표시등을 켰다. 이내 모든 것이 정상으로 돌아왔
다. 목적지에는 제시간에 도착했다.

For my vacation last summer, I went to Thailand. I boarded the plane and found my way to my seat. I put my **043** carry-on suitcase in the overhead bin. Then I sat down and **044** buckled up. The flight attendants gave a safety demonstration. Soon, we **045** took off.

After a while, the attendants came by with the beverage cart. Later on, we had our in-flight meal. I also did some in-flight duty-free shopping. The prices were too good to miss. I also watched a movie on the screen in front of my seat.

In the middle of the flight, we experienced some turbulence. The plane shook a lot, and I tensed up. The captain turned on the seatbelt sign. Soon, everything came back to normal. I arrived at my destination on time.

| KEY | EXPRESSIONS |

board a plane 비행기에 탑승하다
find one's way to ~을 찾아가다
carry-on suitcase 기내 휴대용 가방
overhead bin 기내 짐칸
buckle up 안전벨트를 매다
give a safety demonstration
안전 수칙 시범을 보이다
take off 이륙하다
come by 지나가다
beverage cart 음료 카트
in-flight meal 기내식

duty-free shopping 면세품 쇼핑
be too good to miss 놓치기 아깝다
experience some turbulence
난기류를 경험하다
shake a lot 많이 흔들리다
tense up 긴장하다
turn on the seatbelt sign
안전벨트 표시등을 켜다
come back to normal 정상으로 돌아오다
arrive on time 제시간에 도착하다

043 **carry-on suitcase** 기내 휴대용 가방

I put my carry-on suitcase in the overhead bin.

짐칸에 기내 휴대용 가방을 넣었다.

I only need my carry-on suitcase for a short trip.

짧은 여행에는 기내 휴대용 가방만 있으면 된다.

The wheel on my carry-on suitcase is broken.

기내 휴대용 가방의 바퀴가 고장 났다.

044 **buckle up** 안전벨트를 매다

I sat down and buckled up.

자리에 앉아 안전벨트를 맸다.

You should always buckle up when you drive.

운전할 때 항상 안전벨트를 매야 한다.

Please buckle up, even if you are in the back seat.

뒷좌석에 앉아도 안전벨트를 매주세요.

045 **take off** 이륙하다

Soon, our plane took off.

곧 비행기가 이륙했다.

I turned off my phone before the plane took off.

비행기가 이륙하기 전에 전화기 전원을 껐다.

Do we have time to eat before the plane takes off?

비행기가 이륙하기 전에 뭐 먹을 시간이 있나요?

A Why aren't you eating?

B I can't eat. I think **I'm a bit airsick**.

A Oh no! Would you like to **take some medicine**?

B No thanks. I just want to **sleep for a while**.

A Yeah, I hope you **feel better**.

A 왜 안 먹어?
B 못 먹겠어. 비행기 멀미가 약간 나.
A 저런! 약 좀 구해줄까?
B 아니. 괜찮아. 그냥 잠 좀 잘래.
A 응. 괜찮아졌으면 좋겠다.

COMPOSITION **PRACTICE**

1 난기류를 접해도 겁먹지 마. (experience some turbulence)

2 제시간에 도착하려면 서둘러야 해. (arrive on time)

3 우리는 비행기가 이륙하기 전에 휴대폰을 비행기 모드로 바꾸었다. (take off)

4 나는 필요한 것을 모두 내 기내 휴대용 가방에 담았다. (carry-on suitcase)

ANSWERS 1. Don't get scared even if you **experience some turbulence**.
2. We need to hurry to **arrive on time**.
3. We put our phones on airplane mode before the plane **took off**.
4. I put everything I needed in my **carry-on suitcase**.

CHAPTER
3

FOOD

식품

RELATED QUESTIONS

주제별 스피치 향상을 위한 질문 모음

Try to answer the questions based on each topic.

DAY 16 　TOPIC　 건강 식품

1　What is a food item you have almost every day for your health?
2　Do you take dietary supplements or vitamins? Why or why not?
3　Talk about some healthy eating habits you try to follow.

DAY 17 　TOPIC　 요리

1　Do you enjoy cooking? Why or why not?
2　What are some dishes you like to cook?
　Why do you like cooking them?
3　How did you learn how to cook?
　Do you have any cooking tips you could share?

DAY 18 　TOPIC　 간식

1　What is your favorite snack? Why do you like it?
2　Describe some healthy snacks for people who are on a diet.
3　What are some Korean snacks you would recommend to someone?

DAY 19 `TOPIC` 아이스크림

1 What are your favorite ice cream flavors?
   Which flavors do you not like and why?
2 Where do you go most often to get ice cream?
3 What other snacks do you enjoy in the summer season?

DAY 20 `TOPIC` 음료

1 Describe some drinks that go well with specific foods.
2 Do you drink alcohol?
   If so, do you drink because of the taste or the atmosphere?
3 Why do you think expensive coffee drinks are so popular these days?

DAY 21 `TOPIC` 술

1 When was the last time you drank with some of your friends?
2 Have you ever drunk too much and gotten drunk?
   How did you feel the next day?
3 What are some of your drinking habits?

DAY 16

Health Food

건강 식품

강의 **16**

Today's TOPIC

16th

요즘 들어 부쩍 예전보다 피곤함을 더 쉽게 느낀다. 잠을 자고 아침에 일어나도 개운하기보다는 피곤하다는 느낌이 더 많이 든다. 건강 상태가 먹는 것에서 시작되니, 식습관을 조금 바꾸어 보려고 마음먹었다.

먼저, 아침에 일어나면, 사과나 바나나와 같은 신선한 과일을 꼭 먹는다. 과일은 가급적이면 제철 과일을 사 먹는다. 더불어, 피로 회복을 도와주고, 면역력을 강화해주는 종합 비타민을 몇 알 매일 아침 챙겨 먹는다. 그리고 홍삼을 꿀과 함께 섞어서 먹기도 한다.

식사 메뉴를 고를 때도, 가급적이면 영양가가 높은 건강식을 먹는다. 밥도 거르지 않는다. 술을 마시게 되도, 양을 적당히 조절해서 조금만 마시려고 한다. 마지막으로, 하루 종일 물을 많이 마시기 위해 물병을 아예 들고 다니며 수분 섭취를 한다.

Recently, I have been **feeling spent** more easily than before. When I wake up in the morning, I feel tired instead of **feeling refreshed**. Good health **has its roots in** good food, so I decided to change my `046` **eating habits**.

First, I always eat fresh fruits like apples or bananas when I wake up. I try to eat fruits that `047` **are in season**. I also take several **multi-vitamins** each morning to aid my **fatigue recovery** and **boost my immune system**. In addition, I also eat **red ginseng** mixed with honey.

When I choose what to have for my meals, I try to eat **health foods** that `048` **are rich in nutrients**. I never **skip meals**. When I drink, I **pace myself** and **drink in moderation**. Finally, I carry a water bottle with me all day to drink plenty of water and **stay hydrated**.

KEY	EXPRESSIONS

feel spent 매우 피곤하다
feel refreshed 상쾌하다
have something's roots in
~이 근간이다
eating habits 식습관
be in season 제철이다
multi-vitamins 종합 비타민
fatigue recovery 피로 회복
boost the immune system
면역력을 강화하다
red ginseng 홍삼

health food 건강식
be rich in nutrients
영양가가 높다
skip a meal 식사를 거르다
pace oneself
속도 조절을 하다
drink in moderation
술을 적당히 마시다
stay hydrated
수분을 유지하다

046 **eating habits** 식습관

I decided to change my eating habits.

식습관을 바꾸기로 결심했다.

To lose weight, you need to first change your eating habits.

살을 빼려면 식습관을 먼저 고쳐야 한다.

I used to have terrible eating habits, but now I try to eat healthy foods.

나는 식습관이 아주 나빴었는데, 지금은 건강식을 먹으려고 노력한다.

047 **be in season** 제철이다

I try to eat fruits that are in season.

가급적 제철 과일을 먹으려고 한다.

Fruits taste the best when they are in season.

과일은 제철일 때가 가장 맛이 좋다.

Snow crabs are in season right now.

대게가 지금 제철이다.

048 **be rich in nutrients** 영양가가 높다

I try to eat foods that are rich in nutrients.

영양가가 높은 음식을 먹으려고 노력한다.

Korean dishes use lots of ingredients that are rich in nutrients.

한국 요리는 영양가가 높은 재료를 많이 사용한다.

This drink is rich in nutrients, but it doesn't taste very good.

이 음료는 영양가는 높지만 맛이 그리 좋지는 않다.

A You **look really healthy** these days. Are you exercising?

B Yes, I am. I'm also **taking multi-vitamins** every day.

A Are they working? I've been thinking about doing that myself.

B They're great. **You should give it a try**.

A Okay, I'll go and get some vitamins today.

> **A** 너 요새 엄청 건강해 보인다. 운동이라도 하고 있어?
> **B** 응, 맞아. 그리고 매일 종합 비타민도 먹고 있어.
> **A** 효과는 있어? 나도 좀 그렇게 해볼까 생각 중인데.
> **B** 정말 좋아. 너도 한번 먹어봐.
> **A** 알았어. 오늘 가서 비타민 사야겠다.

COMPOSITION PRACTICE

1 나는 영양가가 높은 간식을 먹는다. (be rich in nutrients)

2 제철인 재료가 맛도 더 좋다. (be in season)

3 식습관이 좋은 사람들은 더 오래 사는 경향이 있다. (eating habits)

4 이 요리는 이탈리아 음식을 기반으로 한 음식이다. (have something's roots in)

ANSWERS   1. I eat snacks that **are rich in nutrients**.
2. Ingredients that **are in season** also taste better.
3. People with good **eating habits** tend to live longer.
4. This dish **has its roots in** Italian food.

Cooking

요리

Today's TOPIC

17th

나는 요리를 완전히 잘하지는 않지만 기본적인 것들은 할 줄 안다. 국이나 찌개 정도는 잘 끓이는 편이어서 금방 만들 수 있다. 새롭게 뭔가 만들어보고 싶을 때는 인터넷에 검색을 해보면, 조리법이 자세히 소개되어 있어서 도움이 된다. 거기 나온 조리법 그대로 따라 하면, 맛있는 요리가 금방 만들어진다.

그 밖에도 TV 방송에도 음식과 관련된 프로그램이 정말 수없이 많다. 우연치 않게 본 방송에서 맛있는 음식을 하면, 조리법을 기억해두었다가 나도 해보는 경우가 많다.

요리도 하다 보면 느는 거 같다. 예전에는 요리를 하는 데 시간이 한참 걸렸는데, 이제는 금방 뭔가를 해먹을 수 있다. 간단한 반찬들은 처음부터 직접 만들어 먹는 경우가 있다. 하지만 손이 많이 가는 반찬들의 경우, 직접 만들기보다는 사다 먹는 편이다.

I am not a **great cook**, but I know how to cook some **basic dishes**. I am good at making soups and stews, so I can `049` **whip them up** quickly. When I want `050` **a change of pace**, it helps to search online because there are **detailed recipes**. By following the instructions **to the letter**, you can cook mouth-watering dishes.

There are also lots of **food-related programs** on TV. When I **come across** a tasty dish on a show, I **memorize the recipe** and **try it out** for myself.

With cooking, I think **practice makes perfect**. It took me a long time to cook something in the past, but now I can make things **in a flash**. I make simple **side dishes** myself `051` **from scratch**. However, as for side dishes that are hard to prepare, I will usually buy them instead.

KEY EXPRESSIONS

great cook 요리 실력이 뛰어난 사람
basic dishes 기본적인 요리
whip up
~을 간단하게 조리하다
a change of pace 새로운 것
detailed recipe 상세한 조리법
to the letter 상세하게 그대로
mouth-watering
먹음직스러운
food-related program
음식 관련 방송

come across
(우연히) 접하다
memorize the recipe
조리법을 기억해두다
try it out 시도해보다
practice makes perfect
연습할수록 는다
in a flash 순식간에
side dish 반찬
from scratch 첫 단계부터

049 **whip up** ~을 간단하게 조리하다

I can whip up soups and stews quickly.

국이나 찌개 정도는 금방 만들 수 있다.

We were too tired to go out, so I whipped up some noodles.

우리는 외출을 하기에는 너무 피곤해서 내가 간단하게 국수를 조리했다.

I can whip something up using whatever is in the refrigerator.

냉장고에 무엇이 있든 그것으로 간단하게 요리를 할 수 있다.

050 **a change of pace** 새로운 것

When I want a change of pace, it helps to search online.

새로운 것을 시도해보고 싶을 때는 인터넷에 검색을 해보면 도움이 된다.

The vacation was a change of pace for me.

그 휴가가 나에게는 색다른 경험이었다.

We went to a different restaurant for a change of pace.

새로운 것을 먹어 보기 위해 다른 음식점에 가봤다.

051 **from scratch** 처음부터

I can make simple dishes from scratch.

나는 간단한 반찬들은 처음부터 직접 만들어 먹는다.

Did you make this from scratch?

이거 처음부터 네가 만든 거니?

I can't believe you made this from scratch.

이것을 네가 처음부터 만들었다는 것이 믿어지지 않는다.

A It's 7 o'clock already. Time for dinner. Are you hungry?

B **I'm starving. I could eat a horse.**
I haven't had anything since breakfast.

A I can cook something quickly, or we can **order delivery**.

B Let's just **order in a pizza**.

A You think? Sure, let's do that.

> **A** 벌써 7시네. 저녁 시간이야. 배고프니?
> **B** 나 너무 배고파. 뭐든지 먹을 수 있어. 아침 먹은 이후로는 아무것도 안 먹었어.
> **A** 내가 얼른 뭘 만들어도 되고, 아니면 배달 주문을 해도 돼.
> **B** 그냥 피자 시켜 먹자.
> **A** 그래? 그러자 그럼.

COMPOSITION PRACTICE

1 조리법을 그대로 따라 하지 않으면 맛이 떨어질 것이야. (to the letter)

2 배고프면 내가 간단하게 뭔가 만들어줄 수 있어. (whip something up)

3 나에게는 생소한 시스템이라 실수를 좀 했다. (a change of pace)

4 후식이 아주 먹음직스러워 보였지만 더 먹기에는 너무 배가 불렀다.
(mouth-watering)

ANSWERS
1. If you don't follow the recipe **to the letter**, it won't taste as good.
2. If you're hungry, I can **whip something up** for you.
3. The system was **a change of pace** for me, so I made some mistakes.
4. The dessert looked **mouth-watering**, but I was too full to eat more.

Snacks

간식

Today's TOPIC

18th

사람들이 가장 흔하게 먹는 간식으로는 과자류를 들 수 있다. 요즘 상점에 가 보면 전 세계 각지에서 들어온 수입 과자들이 많아서 선택의 폭이 매우 넓다.

또한 출출할 때 사람들이 자주 먹는 간식에는 견과류가 있다. 땅콩이나 호두와 같은 견과류는 건강에도 좋아서, 많은 사람들이 즐겨 먹는 간식 중의 하나이다. 그 밖에도 마른 오징어나 육포와 같은 것도 간식으로 훌륭한 역할을 한다. 요즘에는 건강 간식에 대한 관심이 높아져서, 과일을 말린 천연 간식류도 인기가 높다.

내가 가장 즐겨 먹는 간식은 과자이다. 감자칩도 좋아하고, 박스에 담긴 과자 종류도 좋아한다. 안에 잼이 들어 있는 케이크 종류도 좋아한다. 빵도 무척이나 좋아하는 편이서 기회가 되면 제과점에 자주 가는 편이다.

Chips or cookies **are chief** among snacks that people enjoy. At stores these days, there are imported snacks from **all over the world**. People **are spoiled for choice**.

People also **snack on** nuts a lot when they `052` <u>get the munchies</u>. Nuts, such as peanuts and walnuts are also good for your health, which is why people often eat them. Dried squid and **meat jerky** are also great snacks. **All-natural** snacks made from dried fruit are also `053` <u>flying off the shelves</u> these days, because of a **heightened interest in** healthy snacks.

My favorite snacks are **baked snacks**. I enjoy potato chips and biscuits in boxes. I also like cakes with jam **fillings**. I like **baked goods**, too. I go to bakeries `054` <u>whenever I get the chance</u>.

KEY **EXPRESSIONS**

be chief 대표적이다
all over the world
세계 곳곳
be spoiled for choice
선택의 폭이 넓다
snack on
〜을 간식으로 먹다
get the munchies
출출하다, 입이 심심하다
meat jerky 육포
all-natural 천연

fly off the shelves
매우 잘 팔리다
heightened interest in
〜에 대한 높은 관심
baked snacks 과자
fillings 속 재료
baked goods
제빵류
whenever I get the chance
기회가 생길 때마다

052 **get the munchies** 출출하다, 입이 심심하다

People also eat nuts a lot when they get the munchies.

출출할 때 사람들이 자주 먹는 간식에는 견과류도 있다.

I often get the munchies **late at night.**

밤 늦게 출출해지는 경우가 많다.

Whenever I get the munchies, **I drink water instead.**

군것질을 하고 싶을 때마다 대신 물을 마신다.

053 **fly off the shelves** 날개 돋친 듯이 팔리다

All-natural snacks are also flying off the shelves
these days.

요즘에는 천연 간식들도 큰 인기를 끌고 있다.

This phone is currently flying off the shelves.

이 휴대폰은 현재 불티나게 팔리고 있다.

His new album is flying off the shelves.

그의 신규 앨범이 엄청 잘 팔리고 있다.

054 **whenever I get the chance** 기회가 될 때마다

I try to exercise whenever I get the chance.

시간이 날 때마다 운동을 하려고 노력한다.

I call my parents whenever I get the chance.

기회가 될 때마다 부모님께 연락을 한다.

I stand up and stretch whenever I get the chance.

나는 틈이 날 때마다 일어나서 스트레칭을 한다.

DIALOGUE PRACTICE

음원 18-2

A Why are you eating now? We're going to **have dinner soon**.

B My friend gave me some donuts. They're **my favorite kind**.

A Stop eating. **You'll ruin your appetite**.

B I'm just going to have one more.
Don't worry, I can still have dinner.

A Suit yourself then.

> **A** 왜 지금 뭘 먹고 있어? 조금만 있다가 저녁 먹을 건데.
> **B** 친구가 도넛을 줬어. 내가 제일 좋아하는 종류야.
> **A** 그만 먹어. 그러다가 입맛 버리겠어.
> **B** 딱 한 개만 더 먹을 게. 걱정하지 마. 나 저녁 먹을 수 있어.
> **A** 마음대로 해 그럼.

COMPOSITION PRACTICE

1 저녁 식사 전에 간식을 먹으면 밥맛이 떨어질 수 있다. (ruin one's appetite)

2 기회가 될 때마다 책을 읽으려고 노력한다. (whenever I get the chance)

3 나는 밤 늦게 항상 뭔가 먹고 싶어. (get the munchies)

4 이 재킷이 불티나게 팔리고 있어. (fly off the shelves)

ANSWERS 1. Having a snack before dinner may **ruin your appetite**.
2. I try to read books **whenever I get the chance**.
3. I always **get the munchies** late at night.
4. This jacket is **flying off the shelves**.

DAY
19

강의 **19**

Ice Cream

아이스크림

Today's TOPIC

19th

여름에 아이스크림을 자주 찾게 된다. 개인적으로 초콜릿과 같은 너무 단맛을 좋아하지는 않는다. 과일 맛이 나는 상큼한 맛을 선호하는 편이다. 요즘은 열량이 낮은 요거트 맛의 아이스크림도 많아서 많이 먹는다. 녹차 맛이 나는 아이스크림도 자주 고르는 맛 중의 하나이다.

편의점에 가서 아이스크림바나 아이스크림콘을 사 먹는 경우도 있다. 아이스크림 전문점에 가서 큰 통으로 사다 먹는 경우도 있다. 요즘은 아이스크림으로 만든 케이크도 있다. 선물용으로 좋아서, 종종 사기도 한다. 먹기 아까울 정도로 예쁘게 만들어 놓은 아이스크림 케이크들도 있다.

아이스크림의 유일한 문제는 열량이 높아서, 너무 자주 먹으면 살이 찐다는 것이다. 적당량을 먹는 것이 좋다. 그런데, 먹다 보면 너무 많이 먹게 되는 경우가 많다.

I often ⟨055⟩ <u>get a craving for</u> ice cream in the summer. Personally, I don't like flavors that **are overly sweet**, like chocolate. I prefer **refreshing flavors**, like fruit flavors. These days, there are many **low-calorie** ice creams that taste like yogurt, and I eat them **all the time**. Also, green tea-flavored ice creams **are among my favorites**.

I often buy a **popsicle** or ice cream cone at a convenience store. Sometimes, I go to an **ice cream store** to buy a large container. These days, there are ice cream cakes as well. They **make good gifts**, so I buy them sometimes. Some ice cream cakes **look too good to eat**.

The only problem with ice cream is that it ⟨056⟩ **is high in calories**, so eating it too often can lead to **weight gain**. It's best to ⟨057⟩ **eat a moderate amount**. However, I **end up eating too much** quite often.

KEY ⟨EXPRESSIONS⟩

get a craving for
〜을 강하게 원하다

be overly sweet 당도가 과하다
refreshing flavor 상큼한 맛
low-calorie 저열량
all the time 줄곧
be among one's favorites
가장 좋아하는 것 중 하나다
popsicle 바/하드 아이스크림
ice cream store 아이스크림 전문점
make a good gift
선물용으로 좋다

look too good to eat
먹기에 아까울 정도로 예쁘다
the only problem with
〜의 유일한 문제
be high in calories
열량이 높다
weight gain 체중 증가
eat a moderate amount
적당량을 섭취하다
end up eating too much
결국 너무 많이 먹다

055 **get a craving for** ~을 강하게 원하다

I often get a craving for ice cream in the summer.
여름에는 아이스크림이 강하게 당기는 경우가 많다.

It was very hot, and I got a craving for cold noodles.
날씨가 많이 더워서 냉면을 먹고 싶었다.

I get a craving for fried chicken late at night.
늦은 저녁 시간에 치킨이 당길 때가 있다.

056 **be high in calories** 열량이 높다

Ice cream is high in calories.
아이스크림은 열량이 높다.

When I'm on a diet, I avoid foods that are high in calories.
다이어트 중일 때는 열량이 높은 음식을 피한다.

I love fried chicken, but it is high in calories.
치킨을 정말 좋아하지만, 열량이 높다.

057 **eat a moderate amount** 적당량을 섭취하다

It's best to eat a moderate amount.
적당량을 먹는 것이 좋다.

It's hard to eat a moderate amount at a buffet.
뷔페에서는 적당량만을 먹기가 힘들다.

If you want to lose weight, you should
only eat a moderate amount.
체중을 줄이고 싶으면, 적당량을 먹어야 한다.

A Wow, I didn't know you liked ice cream so much.

B I don't, but this flavor is **hard to resist**.

A **Have all you want**. I have more.

B **Somebody stop me**. I'm going to eat all of this.

A Just **go work out** in the evening then.

> **A** 와, 네가 아이스크림을 이렇게 좋아하는 줄 몰랐네.
> **B** 원래 아닌데, 이 맛은 정말 참기 힘드네.
> **A** 맘껏 먹어. 더 있어.
> **B** 누가 나 좀 말려줘. 이러다 이거 다 먹겠어.
> **A** 이따 저녁에 나가서 운동해 그럼.

COMPOSITION PRACTICE

1 적당량만을 먹으면 살이 빠질 거야. (eat a moderate amount)

2 이 영화는 내가 가장 좋아하는 것 중 하나야. (be among one's favorites)

3 한국 음식은 대체로 열량이 높지 않다. (be high in calories)

4 어젯밤에 파스타가 급 당겼다. (get a craving for)

ANSWERS 1. You can lose weight if you only **eat a moderate amount**.
2. This movie **is among my favorites**.
3. Generally, Korean food **is** not **high in calories**.
4. I **got a craving for** pasta last night.

DAY 20

Beverages
음료

강의 **20**

Today's TOPIC

20th

물을 많이 마시는 것이 좋다는 말을 자주 듣게 된다. 우리 몸은 충분한 수분이 공급이 되어야 한다. 여러 음식이나 음료를 통해서도 수분 섭취가 되지만, 물을 많이 마시는 것보다 좋은 방법은 없다. 가장 좋은 방법은 물병을 들고 다니면서, 수시로 채워서 물을 마시는 것이다.

물론 나는 커피를 매우 좋아하는 편이다. 아침에 일어나면 가장 먼저 하는 일이 커피를 만드는 것이다. 점심을 먹고 나서도 꼭 커피숍에 가서 커피 한 잔을 사서 마시는 경우가 많다. 이렇게 카페인을 섭취하면 낮에 잠이 오는 것을 어느 정도는 예방할 수 있다.

그 밖에도 주스를 종종 마신다. 비타민 함유량이 높은 과일주스를 주로 골라서 마시는 편이다. 충분한 비타민 섭취는 피로감을 덜 오게 해주는 역할을 하는 것 같다. 그 밖에도 기름진 음식을 먹을 때는 탄산음료를 주로 마신다.

음원 **20-1**

We often hear that it's good to **drink lots of water**. We need to **hydrate our bodies** well. We **take in** water through various food or drinks, but **058** **there's no better way than to** drink plenty of water. The best way to drink water is to **carry around** a water bottle, filling it frequently.

Of course, I am **a big-time coffee lover** as well. The first thing I do when I wake up is to **brew some coffee**. After lunch, I always **stop by** a café and get **a cup of joe**. Getting some caffeine this way helps to **059** **ward off drowsiness** in the afternoon.

I also drink juice sometimes. I mostly drink fruit juices with lots of vitamins. **060** **Getting my fill of** vitamins seems to **prevent fatigue**. Also, when I eat **greasy foods**, I mostly have **carbonated drinks**.

KEY **EXPRESSIONS**

drink lots of water
물을 많이 마시다

hydrate one's body
~의 몸에 수분을 공급하다

take in 섭취하다

there's no better way than to
가장 좋은 방법이다

carry around 휴대하다

a big-time coffee lover
커피 애호가

brew some coffee 커피를 만들다

stop by 들르다

a cup of joe 커피 한 잔

ward off drowsiness
졸음을 방지하다

get one's fill of
~을 충분히 섭취하다

prevent fatigue
피로감을 예방하다

greasy food 기름진 음식

carbonated drink 탄산음료

058 **there's no better way than to** ~이 가장 좋은 방법이다

There's no better way than to drink plenty of water.
물을 많이 마시는 것보다 좋은 방법은 없다.

To get there quickly, there's no better way than to take the subway.
거기에 빨리 가려면 지하철을 타는 것이 가장 좋다.

To get better, there's no better way than to practice.
실력을 늘리기 위해서는 연습하는 것보다 나은 방법이 없다.

059 **ward off drowsiness** 졸음을 방지하다

Getting some caffeine helps to ward off drowsiness.
카페인을 섭취하면 잠이 오는 것을 막을 수 있다.

I sometimes stand up and stretch to ward off drowsiness.
졸음을 방지하려고 가끔씩 일어나서 스트레칭을 한다.

The best way to ward off drowsiness is to get some rest.
졸음을 방지하기 위해서는 쉬는 것이 가장 좋은 방법이다.

060 **get one's fill of** ~을 충분히 섭취하다

Getting my fill of vitamins seems to prevent fatigue.
충분한 비타민 섭취는 피로감을 느끼지 않게 해주는 것 같다.

Everyone got their fill of meat at the restaurant.
식당에서 모두가 고기를 마음껏 먹었다.

I got my fill of fresh air during my camping trip.
캠핑을 가서 맑은 공기를 충분히 마셨다.

A I **had so much fun** tonight. We should do this again!

B Yeah, this was fun! I really like this bar that you've found.

A Let's come again next time. It's **getting a bit late**.

B Yeah, you're right. We should probably **head home** now.

A Make sure to **drink plenty of water** to **sober up**.

> **A** 오늘 정말 재미 있었어. 이런 자리 또 하자.
> **B** 나도 즐거웠어. 네가 찾은 이 술집, 정말 마음에 들어.
> **A** 다음에도 또 오자. 오늘은 제법 늦었네.
> **B** 그래, 네 말이 맞아. 이제 집에 가야 할 것 같아.
> **A** 술 좀 깨게 물 충분히 마시는 거 잊지 마.

COMPOSITION PRACTICE

1 여름에는 수분을 유지하는 것이 중요하다. (hydrate)

2 항상 휴대폰을 들고 다니도록 해. (carry around)

3 껌을 씹는 것은 졸음을 방지할 수 있는 좋은 방법이다. (ward off drowsiness)

4 운동하면서 물 충분히 마시는 거 잊지 마. (drink plenty of water)

ANSWERS 1. It's important to stay **hydrated** in the summer.
2. Make sure to always **carry around** your cell phone.
3. Chewing gum is a good way to **ward off drowsiness**.
4. Make sure to **drink plenty of water** while you work out.

강의 **21**

Today's TOPIC

21th

나는 친구들과 만나는 모임에서 술자리를 가장 자주 갖는 편이다. 친구들과 만나면 보통 술을 가볍게 한잔 하곤 한다. 여러 술집을 옮겨 가면서 몇 차까지 가는 경우도 종종 있다. 대부분의 회식이나 뒤풀이에서 술을 마시는 경우도 많다. 술은 서로 간의 어색함을 없애는 데 도움이 되기 때문에, 동료들과 더욱 친해지는 계기가 되기도 한다.

하지만 어떤 때는 과음을 하게 된다. 술이 빨리 깨도록 도와주는 숙취 해소 음료들이 있다. 이러한 제품은 술에 덜 취하게 하는 데에도 도움이 된다. 술자리가 있을 때, 항상 이러한 음료를 마신다.

한 가지 분명한 것은 과음을 하면 다음 날에 너무 괴롭기 때문에 과음을 하지 말라는 것이다. 또한 지나친 음주는 간에도 좋지 않다. 그래서 술은 항상 적당히 마시는 것이 좋다.

SPEECH PRACTICE

음원 21-1

I **have drinking sessions** most often at **social gatherings**. My friends and I normally **061 grab a couple of drinks** when we meet up. We often **go from one bar to another** and **do several rounds.** Also, drinking **is a big part of staff dinners** or **after-parties**. Drinks help us **bond with colleagues** because they help **break the ice**.

However, I sometimes **end up** drinking too much. There are **hangover relief drinks** that help people **062 sober up faster**. They help people **063 get less drunk** as well. I always drink them when I'm **at a drinking session**.

One thing is for sure: you should not drink too much because you can **feel miserable the following day**. Plus, overdrinking **is bad for your liver**. So, it's always good to **drink moderately**.

KEY EXPRESSIONS

have drinking sessions 술자리를 갖다
social gathering 친구들 모임
grab a couple of drinks 술을 몇 잔 마시다
go from one bar to another
술집을 옮기다
do several rounds 여러 차례 가다
end up 결국 ~하게 되다
be a big part of ~의 큰 부분을 차지하다
staff dinner 회식
after-party 뒤풀이
bond with colleagues
동료들과 돈독해지다

break the ice 어색함을 없애다
hangover relief drink
숙취 해소 음료
sober up faster 술이 더 빨리 깨다
get less drunk 덜 취하다
at a drinking session 술자리에서
feel miserable 괴롭다
the following day 다음 날에
be bad for one's liver 간에 나쁘다
drink moderately
술을 적당히 마시다

061 **grab a couple of drinks** 술을 가볍게 마시다

My friends and I normally grab a couple of drinks **when we meet up.**

친구들과 만나면 보통 술을 몇 잔 하곤 한다.

We grabbed a couple of drinks **last night.**

우리는 어젯밤에 술을 가볍게 마셨다.

Let's go to a bar and grab a couple of drinks.

술집에 가서 술 가볍게 마시자.

062 **sober up faster** 술이 더 빨리 깨다

Hangover relief drinks help people sober up faster.

숙취 해소 음료들이 술을 빨리 깨도록 해준다.

I don't know why but I sobered up faster **today.**

왠지는 모르겠지만 오늘은 술이 빨리 깼다.

It will help you sober up faster.

이게 술이 빨리 깨는 데 도움이 될 것이다.

063 **get less drunk** 덜 취하다

Hangover relief drinks help people get less drunk.

숙취 해소 음료는 술에 덜 취하게 해준다.

I think I got less drunk **today.**

오늘 따라 내가 덜 취한 것 같다.

Some people say that drinking milk helps you get less drunk.

어떤 사람들은 우유를 마시면 덜 취한다고 한다.

A Are you **a good drinker**? How much can you drink?

B **I can't drink that well**, but I **like drinking sessions**.

A What does that mean?

B I just like the mood of people drinking together.

A Oh, I see what you mean.

> **A** 술 잘 마시니? 주량이 어떻게 돼?
> **B** 술은 잘 못 마시지만, 술자리는 좋아해.
> **A** 그게 무슨 말이야?
> **B** 그냥 사람들이 함께 술을 마시는 분위기를 좋아한다고.
> **A** 아, 무슨 말인지 알겠다.

COMPOSITION PRACTICE

1 나는 옛 친구들과 만나서 술을 몇 잔 했다. (grab a couple of drinks)

2 숙취 해소 음료 덕분에 술이 빨리 깼다. (sober up faster)

3 나는 덜 취하려고 천천히 술을 마셨다. (get less drunk)

4 나는 술자리에서 동료들과 친해졌다. (bond with colleagues)

ANSWERS
1. I **grabbed a couple of drinks** with some old friends.
2. I **sobered up faster** thanks to the hangover relief drink I had.
3. I drank slowly to **get less drunk**.
4. I **bonded with** my **colleagues** at the drinking session.

RESTAURANTS

음식점 ─────────

RELATED QUESTIONS

주제별 스피치 향상을 위한 질문 모음

Try to answer the questions based on each topic.

DAY 22 `TOPIC` 음식점 식사

1 Talk about a special memory you had at a restaurant.
2 Who do you normally go out to eat with?
3 What type of food do you most often eat when you eat out?

DAY 23 `TOPIC` 음식점 고려 요인

1 Talk about one of your favorite restaurants.
  Why do you like that place?
2 What kind of restaurants do you go to most often and why?
3 Talk about a restaurant that you were disappointed with.

DAY 24 `TOPIC` 음식 배달

1 When do you normally order in food?
2 What is your favorite delivery food? Why do you like it so much?
3 Why do you think so many people use apps these days to order in?

DAY 25 `TOPIC` 음식점 변화

1 What are some changes you have noticed about restaurants these days?

2 Compare restaurants you used to go to in the past with the ones you go to these days.

3 Talk about a time when you were dissatisfied with a restaurant's food or service.

DAY 26 `TOPIC` 외식 경험

1 When was the last time you ate at a restaurant? How was the food?

2 Describe one of your favorite restaurants. What is it like?

3 When do you normally go out to eat? How often do you do that?

Eating at a Restaurant

음식점 식사

강의 **22**

Today's TOPIC

22th

음식점에 도착하면 가장 먼저 하는 것이 어디 앉을지 정하는 것이다. 내가 스스로 정하는 경우도 있고, 가끔은 종업원이 테이블로 안내해주는 경우도 있다.

메뉴를 받으면 무엇을 시킬지 정하게 된다. 무엇을 시킬지 모르면, 도움을 청하는 경우도 있다. 음식이 나오면 먹기 시작한다. 물이나 소스가 더 필요하면 언제든지 더 달라고 부탁한다. 다 먹고 나면 계산대로 다가가서 식사 비용을 지불한다. 주로 신용 카드나 직불 카드로 결제를 한다. 요즘은 현금을 거의 안 쓴다.

요즘은 음식점에서 음식 사진을 종종 찍기도 한다. 음식이 마음에 들면, 사진을 사연과 함께 SNS 계정에 인증 샷으로 올리기도 한다.

When I arrive at a restaurant, I first decide **where to sit**.
I sometimes decide **064 on my own**. Sometimes, one of the
waiters **shows me to** our table.

When I get the menu, I decide **what to get**. If I don't know
what to order, I **ask for help**. When the food comes out,
I start to **065 dig in**. I ask for more water or sauce whenever
I need to. After I eat, I **go up to the counter** and **066 pay for
my meal**. I usually **pay with my credit card** or **debit card**.
I rarely **pay in cash** these days.

These days, I often **take pictures** of the food at restaurants.
If I like the food, I post the pictures on my **social media** with
a message.

| KEY | EXPRESSIONS |

where to sit 어디 앉을지
on one's own 스스로
show ~ to ...
〜을 …로 안내하다
what to get = **what to order**
무엇을 주문할지
ask for help 도움을 청하다
dig in 식사하다, 식사를 시작하다
go up to the counter
카운터로 다가가다

pay for one's meal
식사 비용을 지불하다
pay with one's credit card
신용 카드로 결제하다
debit card 직불 카드
pay in cash
현금으로 지불하다
take pictures 사진을 찍다
social media 소셜 미디어(SNS)

064 **on one's own** 스스로

I sometimes decide where to sit on my own.

어디 앉을지 내가 스스로 정하는 경우도 있다.

She helped me until I could do it on my own.

내가 스스로 할 수 있을 때까지 그녀가 도와줬다.

You have to try it on your own if you want to get better.

더 잘하고 싶으면 스스로 해봐야 된다.

065 **dig in** 식사하다, 식사를 시작하다

When the food comes out, I start to dig in.

음식이 나오면 먹기 시작한다.

We didn't dig in until everyone arrived.

모두가 도착할 때까지 식사를 시작하지 않았다.

I want to dig in right away, but I have to wash my hands first.

곧바로 먹고 싶은데, 먼저 손을 씻어야 한다.

066 **pay for one's meal** 식사 비용을 지불하다

After I eat, I go up to the counter and pay for my meal.

다 먹고 나면 계산대로 다가가서 식사 비용을 지불한다.

I don't have to pay for my meal if I eat at the company cafeteria.

나는 회사 식당에서 밥을 먹으면 식사 비용을 지불하지 않아도 된다.

We usually pay for our own meals.

우리는 주로 자기 밥값은 스스로 낸다.

A Have you **decided what you're going to order**?

B Let me think just a little longer.
I'm going to have either the salmon or the steak.

A **Can you make up your mind**?

B I'm sorry, but everything looks so delicious.

A I know. It's hard to pick just one.

> A 뭘 주문할지 결정했어?
> B 잠깐만 더 생각해볼게. 연어 아니면 스테이크 둘 중 하나를 먹을까 해.
> A 마음의 결정을 하면 안 될까?
> B 미안해. 전부 다 워낙 맛있어 보여서. 하나만 고르기가 힘드네.
> A 알아. 하나를 고르기가 쉽지 않아.

COMPOSITION **PRACTICE**

1 그는 스스로 결정할 수 있는 나이야. (on one's own)

2 요즘은 현금으로 밥값을 지불하는 경우가 드물다. (pay for one's meal)

3 우리 이제 밥 먹자. (dig in)

4 곧 결정을 내려야 할 거야. (make up one's mind)

ANSWERS 1. He's old enough to make the decision **on his own.**
2. People rarely **pay for their meals** in cash these days.
3. Let's **dig in** now.
4. You need to **make up your mind** soon.

Things We Consider about Restaurants 음식점 고려 요인

강의 **23**

Today's TOPIC

23th

음식점의 좋고 나쁨을 판단할 때, 가장 중요한 것은 물론 음식의 맛이다. 누구나 맛이 있는 음식을 차려 내는 음식점에서 식사하는 것을 좋아하기 때문이다. 물론, 음식점의 분위기도 중요하다. 분위기가 좋으면, 아무래도 더 즐거운 식사를 할 수 있다.

또한 음식점의 서비스가 어떤지도 꼭 보게 된다. 종업원들이 친절하면 또 가고 싶어진다. 마지막으로 음식 가격도 매우 중요하다. 아무리 맛있는 음식도 가격이 너무 비싸면 아무 소용이 없다. 그래서 가격이 합리적인 음식점을 항상 찾게 된다.

그 밖에 음식점 관련해서 고려하게 되는 것에는 위치와 주차 가능 여부가 있다. 또한 음식점이 얼마나 깨끗한지도 보게 되는 것 같다.

When **passing judgement on** restaurants, the way the food tastes is **the most important factor**. We want to eat at restaurants that serve 067 mouth-watering food.
Of course, the mood of a restaurant is also important.
A **pleasant ambience** helps people enjoy the meal.

I also 068 take into account the **quality of service** at a restaurant. Friendly staff make us want to visit again.
Finally, the food price is also important. Even delicious food 069 is of no use if it's too **pricey**. So, we always try to find places that have **reasonable prices**.

Also, other things we think about when it comes to restaurants are **location** and **parking availability**.
We also look at **how clean the restaurant is**.

| KEY | EXPRESSIONS |

pass judgement on
～에 대해 판단하다

the most important factor
가장 중요한 요소

mouth-watering
맛있는, 먹음직스러운

pleasant ambience
편안한 분위기

take into account 염두에 두다, 감안하다
quality of service 서비스의 질

be of no use
무용지물이다

pricey 가격이 비싼
reasonable prices
합리적인 가격대

location 위치
parking availability
주차 가능 여부

how clean the restaurant is
음식점이 얼마나 깨끗한지

067 **mouth-watering** 맛있는, 먹음직스러운

We want to eat at restaurants that serve mouth-watering food.

우리는 맛있는 음식을 차려 내는 음식점에서 식사를 하고 싶어 한다.

Everything looked mouth-watering because I was so hungry.

워낙 배가 고파서 뭐든 다 먹음직스럽게 보였다.

How did you cook such a mouth-watering dish in such a short time?

이렇게 짧은 시간에 어떻게 이렇게 맛있는 음식을 만들었어요?

068 **take into account** 염두에 두다, 감안하다

I also take into account the quality of service at a restaurant.

또한 음식점의 서비스가 어떤지도 꼭 보게 된다.

You should take into account the traffic when you leave.

출발할 때 교통 상황을 감안하는 것이 좋다.

We take into account the ingredients we need.

우리는 필요한 재료를 감안한다.

069 **be of no use** 무용지물이다

Even delicious food is of no use if it's too pricey.

아무리 맛있는 음식도 가격이 너무 비싸면 무용지물이다.

All our work will be of no use if we can't finish on time.

제시간에 끝마치지 못하면 우리 노력이 물거품이 될 것이다.

My camera was of no use because the battery was dead.

카메라 배터리가 방전돼서 무용지물이었다.

A What do you want to get for dinner?

B I don't care what we eat. **I'm starving.**

A How about that **barbecue place**?
There are a lot of people. It must be good.

B But **there's such a long line.**

A You're right. Let's look for another place.

> **A** 저녁은 뭐 먹고 싶어?
> **B** 뭘 먹든 상관없어. 나 너무 배고파.
> **A** 저 고깃집은 어때? 사람이 많네. 분명 맛집일 거야.
> **B** 하지만 줄이 너무 길잖아.
> **A** 그렇네. 다른 데 알아보자.

COMPOSITION PRACTICE

1 배가 많이 고파서 너무 급하게 먹은 것 같아. (starving)

2 색상도 고려해야 하지 않을까? (take into account)

3 이미 배가 불렀지만, 디저트가 정말 먹음직스러워 보였다. (mouth-watering)

4 친구가 웹사이트를 추천해줬는데 전혀 도움이 되지 않았다. (be of no use)

ANSWERS
1. I think I ate too fast because I was **starving**.
2. Don't we have to **take into account** the color?
3. I was already full, but the dessert looked **mouth-watering**.
4. My friend recommended a website, but it **was of no use**.

DAY 24

Food Delivery

음식 배달

강의 **24**

Today's TOPIC

24th

한국에는 배달 음식점이 상당히 많다. 일부 음식점들은 직접 사람을 고용해서 음식을 배달하는 경우도 있고, 일부 음식점들은 배달 대행 서비스를 이용한다. 이러한 서비스가 워낙 보편화되어서 한국에서는 거의 모든 음식을 배달시킬 수 있다고 해도 과언이 아니다.

더불어, 이러한 배달을 하는 음식점들 중에는 24시간 영업을 하는 곳들도 있다. 그래서 하루 언제든지 음식 배달이 가능하다. 심지어 이른 새벽에도 가능하다.

한편, 요즘은 대부분의 소비자들이 음식 배달 앱을 배달시키는 데 이용한다. 이 앱들은 정말 편리하다. 앱 상에서 직접 결제도 하고, 배달 주소도 미리 저장을 할 수 있어서, 음식 배달시키는 것이 덜 번거롭다. 그리고 음식이 언제 도착하는지도 실시간으로 조회할 수도 있다.

Many restaurants in Korea offer **delivery services**. Some restaurants **hire people** to deliver their food. Others use **independent delivery services**. These services **are** very widely used. `070` **It's safe to say** that almost any type of food in Korea can be delivered.

Plus, there are many delivery places that **are open 24/7**. So, you can `071` **have food delivered** at any time of the day, even **early in the morning**.

Meanwhile, most consumers use **food delivery apps** to **order delivery** these days. These apps are very convenient because people can **make payments** on the apps and **register their address in advance**. So, it's much less of `072` **a hassle** to **order in**. Also, the apps tell you when the food will arrive **in real time**.

KEY **EXPRESSIONS**

hire someone ~을 고용하다
independent delivery service
배달 대행 서비스
be widely used 보편화되다
it's safe to say 과언이 아니다
be open 24/7 24시간 영업을 하다
have food delivered
음식을 배달시키다
at any time of the day
하루 중 언제든지
early in the morning
이른 새벽 시간

food delivery app
음식 배달 앱
order delivery 배달시키다
make payments 결제를 하다
register one's address
~의 주소를 등록하다
in advance 미리
a hassle
번거로운 일, 귀찮은 일
order in 음식을 배달시키다
in real time 실시간으로

070 **it's safe to say** 과언이 아니다

It's safe to say that almost any type of food
can be delivered in Korea.

한국에서는 거의 모든 음식을 배달시킬 수 있다고 해도 과언이 아니다.

It's safe to say that Korea is one of the world's technology
leaders.

한국이 세계의 기술 선도 주자라고 해도 과언이 아니다.

It's safe to say that she is the most talented student
in the class.

그녀가 반에서 가장 재능 있는 학생임이 분명하다.

071 **have food delivered** 음식을 배달시키다

You can have food delivered at any time of the day.

하루 언제든 음식을 배달시켜 먹을 수 있다.

How often do you have food delivered?

음식을 얼마나 자주 배달시켜 먹니?

I think we should just have food delivered.

우리 그냥 음식 배달시켜 먹는 것이 좋을 것 같다.

072 **a hassle** 번거로운 일, 귀찮은 일

It's much less of a hassle to order in.

음식 배달시켜 먹는 것이 훨씬 덜 번거롭다.

It felt like a hassle at first, but I got used to it.

처음에는 귀찮게 느껴졌지만, 익숙해졌다.

It is a bit of a hassle, but there is no other way.

조금 귀찮기는 한데, 다른 방법이 없다.

A What do you want to **have for dinner**?

B I don't know. We can cook some fish and eat it with rice.

A **I don't feel like cooking today.**

B Okay, let's just **order delivery** then.

A What do you have in mind?

> **A** 저녁 뭐 먹고 싶어?
> **B** 모르겠어. 생선 구워서 밥이랑 먹어도 되고.
> **A** 오늘 음식하고 싶은 생각이 안 들어.
> **B** 알았어. 그럼 그냥 음식 배달시키다.
> **A** 뭐 생각하고 있는 메뉴 있어?

COMPOSITION **PRACTICE**

1 음식을 배달시켜 먹는 것이 훨씬 더 쉬워졌다. (have food delivered)

---

2 그냥 시켜 먹고 싶니? (order in)

---

3 전화로 결제할 수 있나요? (make payments)

---

4 이것이 내 인생에서 가장 중요한 시험이라 해도 과언이 아니야. (it's safe to say)

ANSWERS 1. It has become much easier to **have food delivered**.
2. Do you just want to **order in**?
3. Can I **make payments** by phone?
4. **It's safe to say** that this is the most important test of my life.

Changes in Restaurants
음식점 변화

강의 **25**

Today's TOPIC

25th

집밥이 최고이기는 하지만, 사람들은 직접 음식을 할 시간이 없는 경우가 많다. 그래서 예전에 비해서 나가 먹거나 시켜 먹는 빈도가 높아졌다.

한편, 사람들은 건강에 대한 인식이 더 높아졌다. 그래서 외식을 하거나 음식을 배달시킬 때도 건강을 생각한다. 건강에 더 좋은 음식을 선호한다. 예를 들어, 요즘 샐러드를 즐겨 먹는 사람들이 많아졌다. 샐러드는 대부분 채소여서 건강에 좋다. 채소는 비타민, 미네랄, 식이 섬유 함유량이 높다. 그리고 열량도 낮다.

이러한 건강식 트렌드 덕분에, 많은 음식점들이 건강한 메뉴 개발을 꾸준히 해왔다. 그리고 자기 음식점 음식의 건강상의 이점을 적극적으로 홍보한다.

073 Home-cooked meals are the best, but people often **do not have time to cook** themselves. So, they **074** eat out or **order in** more often than in the past.

Meanwhile, people have become much more **health-conscious**. So, they think about their health when they **go out to eat** or **075** order delivery. They prefer food that is healthy for them. For example, many people like to have salads these days. Salads are very healthy because they are mostly vegetables. Veggies **are rich in** vitamins, **minerals** and **fiber**. They are also **low in calories**.

Due to this **healthy eating trend**, many restaurants have developed healthy menus. They actively **promote the health benefits** of their food.

KEY	EXPRESSIONS

home-cooked meal 집밥
do not have time to cook
음식을 할 시간이 없다
eat out 나가 먹다, 외식하다
order in 시켜 먹다
health-conscious
건강을 신경 쓰는
go out to eat 외식하러 가다
order delivery 배달 주문을 하다

be rich in
~의 함유량이 풍부하다
minerals 미네랄
fiber 식이 섬유
low in calories 열량이 낮은
healthy eating trend
건강식 트렌드
promote the health benefits
건강상의 이점을 홍보하다

073 **home-cooked meal** 집밥

Sometimes, people don't have time to make a home-cooked meal themselves.
사람들은 직접 음식을 해먹을 시간이 없는 경우가 있다.

No dish at a restaurant tastes as good as a home-cooked meal.
음식점에서 하는 그 어떤 요리도 집밥보다는 못하다.

I had my first home-cooked meal in a long time.
정말 오랜만에 집밥을 먹었다.

074 **eat out** 나가 먹다, 외식하다

People eat out or order in more often than in the past.
사람들은 예전에 비해 나가 먹거나 시켜 먹는 빈도가 높아졌다.

Do you eat out for dinner often?
저녁 나가서 자주 먹니?

I eat out with my family at least once a week on average.
가족들과 일주일에 평균 최소한 한 번은 외식을 한다.

075 **order delivery** 배달 음식을 시키다

People think about their health when they order delivery.
사람들은 음식을 배달시킬 때 본인 건강 생각을 한다.

How often do you order delivery?
음식을 얼마나 자주 시켜 먹니?

I don't really like to order delivery.
나는 음식 시켜 먹는 것을 그다지 좋아하지 않아.

A Did you go to that new sandwich place yesterday? How was it?

B To be honest, **it was just so-so**.

A Really? That's disappointing.

B I think people are just excited because it's a new place.

A I'm trying to **eat healthy** these days.
Where should we eat today?

A 어제 새로 생긴 그 샌드위치 가게 가봤어? 어땠어?
B 솔직히, 그냥 그랬어.
A 진짜? 실망이네.
B 그러게 말이야. 그냥 새로 생긴 곳이라 사람들이 호응을 하는 것 같아.
A 나 요즘 건강하게 먹으려고 하고 있거든. 오늘은 어디 가서 먹지?

COMPOSITION PRACTICE

1 나는 집밥 먹는 것을 선호해. (home-cooked meal)

2 나가서 먹고 싶어, 시켜 먹고 싶어? (eat out)

3 나는 열량이 낮은 음식을 먹으려고 하고 있어. (low in calories)

4 건강에 신경을 쓰는 편이지만, 때로는 패스트푸드도 먹어. (health-conscious)

ANSWERS 1. I prefer to have **home-cooked meals**.
2. Do you want to **eat out** or order in?
3. I'm trying to have food that is **low in calories**.
4. I'm pretty **health-conscious**, but I sometimes eat fast food.

강의 **26**

DAY 26

Eating Out at a Restaurant
외식 경험

Today's TOPIC

26th

지난 주말에 부모님과 아이들과 함께 저녁 식사를 하러 갔다. 동네에 있는 고 깃집에 갔다. 그곳은 한우로 유명한 곳이다. 그 근처에서 가장 한우를 맛있게 하는 음식점이다. 기다리는 사람이 많아서 테이블을 받기까지 30분 정도 기다 려야 했다. 그러나 기다릴 만한 가치가 있는 음식점이었다.

언제나 그랬듯이 우리는 바로 앞에 있는 불판에 고기를 구웠다. 고기가 정말 부드럽고 육즙이 풍부했다. 또 정말 맛있는 여러 가지 반찬들이 있었다. 아마 배가 고파서인지 음식들이 유난히 맛있었다. 고기를 배불리 먹고, 마지막으로 된장찌개를 먹었다. 전반적으로, 정말 즐거운 저녁 식사였다.

I **076** <u>took</u> my parents and my children <u>out for dinner</u> last weekend. We went to a **local barbeque restaurant**. The place **is famous for** Korean beef, called *hanwoo*. They **077** <u>have the best</u> *hanwoo* <u>in town</u>. We had to wait 30 minutes to **get a table** because there were many people waiting. However, it **was worth the wait**.

As always, we **grilled** the meat **on a grill** right in front of us. The meat was so **tender** and **juicy**. There were various **side dishes** that tasted really good as well. The food probably **078** <u>tasted extra good</u> because we were **starving**. We ate plenty of meat and had Korean **soybean paste soup** at the end. Overall, it was a very **enjoyable dinner**.

KEY	EXPRESSIONS

take ~ out for dinner
~와 저녁 먹으러 가다

local barbeque restaurant 동네 고깃집
be famous for ~로 유명하다
have the best ~ in town
그 근처에서 ~을 가장 잘하다

get a table 테이블을 배정 받다
be worth the wait 기다릴 만한 가치가 있다
grill 고기를 굽다

on a grill 석쇠에
tender (고기 등이) 부드러운
juicy 즙이 풍부한
side dish 반찬
taste extra good 더욱/유난히 맛있다
starving 몹시 배고픈
soybean paste soup 된장찌개
enjoyable dinner 즐거운 저녁 식사

076 take ~ out for dinner
~와 저녁 먹으러 가다

I **took** my children **out for dinner** last weekend.
지난 주말에 아이들과 외식을 하러 나갔다.

I plan to **take** her **out for dinner** tomorrow.
내일 그녀에게 저녁 식사 대접을 할까 한다.

I'm **taking** my co-workers **out for dinner**.
동료들 데리고 가서 저녁 한번 살 예정이다.

077 have the best ~ in town
근처에서 ~을 가장 잘하다

They **have the best** *hanwoo* **in town**.
한우를 가장 맛있게 하는 집이다.

They **have the best** pasta **in town**.
이 근처에서 거기 파스타는 최고다.

I think this restaurant **has the best** French fries **in town**.
이 음식점의 프렌치 프라이가 최고인 것 같다.

078 taste extra good 더욱/유난히 맛있다

The food **tasted extra good** because we were starving.
배가 고파서 음식들이 더욱 맛있었다.

Dinner **tastes extra good** when I eat after exercising.
운동 후에 저녁을 먹으면 더욱 맛이 있다.

The salad will **taste extra good** with this dressing.
이 드레싱을 뿌리면 샐러드가 더 맛있을 것이다.

A Can I eat the meat now?

B Make sure the meat **is thoroughly cooked**.

A Okay, how do these look?

B Yeah, I think they're ready. **Go ahead**.

A Wow! This **tastes incredible**. This is the best beef I've had in years.

> **A** 이제 고기 먹어도 돼?
> **B** 고기가 잘 익었는지 꼭 확인해.
> **A** 응, 이건 어때 보여?
> **B** 그래. 다 구워진 것 같다. 먹어.
> **A** 우왜! 이거 맛이 기가 막힌다. 한동안 먹어본 소고기 중에 최고다.

COMPOSITION PRACTICE

1 저녁 식사에 모시고 싶습니다. (take ~ out for dinner)

2 저곳이 이 근처에서 브런치를 가장 잘 하는 곳이야. (have the best ~ in town)

3 점심을 걸렀더니 저녁이 더 맛있었다. (taste extra good)

4 사람들이 너무 많아서 우리는 테이블을 배정 받을 수 없었다. (get a table)

ANSWERS
1. I would like to **take** you **out for dinner**.
2. That restaurant **has the best** brunch **in town**.
3. Dinner **tasted extra good** because I had skipped lunch.
4. We weren't able to **get a table** because there were so many people.

CHAPTER

5

SCHOOL LIFE

학교 생활 ────────

RELATED QUESTIONS
주제별 스피치 향상을 위한 질문 모음

Try to answer the questions based on each topic.

DAY 27 `TOPIC` 학년 편제
1 Talk about your elementary school days. What do you remember?
2 Which middle and high school did you go to?
   Talk about the schools that you have attended.
3 How did you choose your college major?

DAY 28 `TOPIC` 학사 일정
1 What was your favorite part of the school year? Why?
2 What was your least favorite part of the school year? Why?
3 How did you used to feel at the beginning of the school year?

DAY 29 `TOPIC` 새 학기에 대한 추억
1 Describe some things you did to prepare for a new school year.
2 How do parents and students feel differently about a new
   semester?
3 Make a list of goals you used to set for a new semester
   when you were in school.

DAY 30 `TOPIC` 초등학교
1 What are some things students have to prepare for a new semester?
2 Explain how children feel like at the beginning a school year.
3 How do you think schools will change in the future?

DAY 31 　TOPIC 　대학 입시

1 What is the most difficult part about applying for college?
 Why do you think so?

2 What are some factors students consider when applying for college?

3 What are some things you would change about the current college entrance system?

DAY 32 　TOPIC 　학교 교사

1 Have you ever dreamed of becoming a teacher when you were young? Why or why not?

2 Why do you think teachers are so highly respected in Korea?

3 Describe a memorable teacher to you.
 How did he or she influence your life?

DAY 33 　TOPIC 　학교 동문회

1 How do you keep in touch with school alumni?

2 Describe a school reunion you went to.

3 How have your friends changed since graduation?
 What aspects are still the same?

Academic System
학년 편제

Today's TOPIC

27th

한국의 어린이들은 만 7살이 되면 초등학교에 입학한다. 그리고 초등학교를 6년간 다닌다. 학생들은 한 명의 담임 교사에게 전 과목을 배운다.

초등학교 졸업 후에는 각각 3년 동안 중학교와 고등학교에 다니게 된다. 중학교는 의무 교육이지만, 고등학교는 그렇지 않다. 중학교 때부터는 각각의 과목을 다른 선생님들로부터 배우기 시작한다. 고등학교 학생들은 외국어 고등학교, 과학 고등학교, 예술 고등학교 등의 특수 목적 고등학교에 진학할 수도 있다.

학생들은 고등학교 3학 때는 본인이 원하는 몇 군데의 대학에 지원을 하게 된다. 모든 학교의 학사 년도는 3월에 시작하며, 일년은 두 개의 학기로 이루어진다.

음원 27-1

Children **start elementary school** when they **079** **turn 7 years old** in Korea. They **080** **attend** six years of elementary school. They learn all the subjects from their **homeroom teacher**.

Next comes three years of **middle school** and three years of **high school**. Middle school is **mandatory**, but high school is not. Students start to learn each subject from different teachers from middle school. For high school, there are **specialized schools** students can **apply for** such as **foreign language schools**, **science schools**, or **art schools**.

In their **senior year of high school**, students apply to several universities that they want to. The **081** **academic year** starts in March, and there are two **semesters** each year.

KEY EXPRESSIONS

start elementary school
초등학교에 입학하다

turn 7 years old 만 7세가 되다
attend ~에 다니다, 참석하다
homeroom teacher 담임 선생님
middle school 중학교
high school 고등학교
mandatory 의무의
specialized school 특수 목적 학교

apply for ~에 지원하다
foreign language school 외국어 고등학교
science school 과학 고등학교
art school 예술 고등학교
senior year of high school
고등학교 3학년
academic year 학사 년도
semester 학기

079 **turn 7 years old** 만 7세가 되다

**Children start elementary school
when they turn 7 years old.**
한국의 어린이들은 만 7살이 되면 초등학교에 입학한다.

My daughter turned 7 years old as of today.
내 딸은 오늘로 만 7세가 되었다.

I started to learn how to swim when I turned 7 years old.
나는 만 7세가 되었을 때 수영을 배우기 시작했다.

080 **attend** ~에 다니다, 참석하다

They attend six years of elementary school.
그들은 초등학교를 6년간 다닌다.

My husband and I had to attend a wedding.
내 남편과 나는 결혼식에 참석해야 했다.

I attend church every Sunday.
나는 매주 일요일에 교회에 다닌다.

081 **academic year** 학사 년도

The academic year starts in March.
학사 년도는 3월에 시작된다.

When does the academic year begin in your country?
너희 나라에서는 학사 년도가 언제 시작하니?

**Schools plan the upcoming academic year
at the beginning of the year.**
학교들은 연초에 학사 년도 일정을 계획한다.

DIALOGUE PRACTICE

A **Spring break** ends tomorrow. Are you sad?

B Not at all. I'm excited.

A Really? You want to go to school?

B Yes! **I'm raring to go**.

A **That's good to hear.** Let's **get you ready for school** tomorrow.

> A 내일 봄 방학이 끝나네. 아쉽니?
> B 전혀요. 신이 나요.
> A 진짜? 학교 가고 싶어?
> B 네! 가고 싶어서 근질근질 해요.
> A 다행이구나. 내일 학교 갈 준비 좀 하자.

COMPOSITION PRACTICE

1 나는 그 졸업식에 참석해야 했다. (attend)

2 우리 조카가 올해 7살이 되었어. (turn 7 years old)

3 봄 방학은 그리 길지 않았던 것으로 기억한다. (spring break)

4 이번 주에 새 학사 년도가 시작되었다. (academic year)

ANSWERS
1. I had to **attend** a graduation ceremony.
2. My nephew **turned 7 years old** this year.
3. I remember that **spring break** was not that long.
4. A new **academic year** started this week.

School Year

학사 일정

Today's TOPIC

28th

한국에서 새 학년은 3월에 시작된다. 일부 학생들은 마지 못해 학교로 돌아간다. 신이 나서 학교에 가는 학생들도 있다. 새해는 그들 모두에게 똑같이 시작된다. 개인적으로 나는 학년이 새로 시작된다고 특별히 신경 쓰는 것은 없었다. 다가올 한 해가 여러 가능성으로 가득한 것처럼 느껴졌다.

여름 방학이 시작될 때쯤이면, 대부분의 학생들은 휴식에 목말라 있다. 방학 숙제 부담이 있지만, 그렇다고 심한 정도는 아니다. 학생들은 9월이면 새로운 기분으로 교실로 돌아온다. 중단했던 공부를 다시 시작할 시간인 것이다. 또 몇 달 간은 다소 힘든 과정이 이어진다. 그러나 조금 있으면 또 겨울 방학이 돌아온다.

The **school year** in Korea **kicks off** in March. Some students go back to school **082 dragging their feet**. Others go **083 with bells on**. A new year **commences** for all of them. I personally **didn't mind** the beginning of the school year. The year ahead felt **full of possibilities**.

By the time summer break starts, most students **are ready for a break**. They **are burdened** with vacation homework, but **it's not the end of the world**. They **make their way back** to their classrooms in September, **feeling refreshed**. It's time to **pick up where they left off**. It's a **084 grind** for another few months. But **before they know it**, winter break **comes around** again.

KEY   EXPRESSIONS

school year 학사 년도
kick off 본격적으로 시작하다
drag one's feet 늑장을 부리다, 마지못해 하다
with bells on 열정적으로, 기꺼이
commence 개시하다, 시작하다
don't mind 개의치 않다, 꺼리지 않다
full of possibilities 가능성으로 가득한
by the time ~할 때쯤, ~할 무렵에
be ready for a break 쉴 준비가 된
be burdened 부담이 있다

it's not the end of the world
세상이 끝난 것은 아니다
make one's way back 돌아가다
feeling refreshed 기분 전환을 한 상태로
pick up where one left off
중단했던 곳부터 다시 시작하다
grind 힘겨운 과정
before one knows it 채 알아차리기도 전에
come around 돌아오다

082 **drag one's feet** 늑장을 부리다, 마지못해 하다

Some students go back to school dragging their feet.

일부 학생들은 마지못해 학교로 돌아간다.

Dragging your feet won't finish the work.

늑장 부리면 일이 끝나지 않을 것이다.

He delayed all of us because he dragged his feet.

그는 늑장을 부려서 우리 모두를 지연시켰다.

083 **with bells on** 열정적으로, 기꺼이

Other students go with bells on.

신이 나서 가는 학생들도 있다.

We waited for them with bells on.

우리는 기꺼이 그들을 기다렸다.

They woke up early with bells on.

그들은 열정적으로 일찍부터 일어났다.

084 **grind** 힘겨운 과정

It's a grind **for a few months.**

몇 달간은 힘든 과정이다.

The class was a grind.

그 수업은 힘들었다.

Success came after the grind.

성공은 힘겨운 과정 후에 왔다.

A When does the **academic year** begin in your country?

B In Korea, **the first semester kicks off** in March.

A I see.

B **The second semester** starts in September.

A Are there two semesters a year?

A 너희 나라에서는 학사 년도가 언제 시작되니?
B 한국에서는 첫 학기가 3월에 시작돼.
A 그렇구나.
B 두 번째 학기는 9월에 시작돼.
A 일년에 두 학기니?

COMPOSITION PRACTICE

1 우리 이렇게 계속 늑장 부리다가는 이거 절대 못 끝낼 거야. (drag one's feet)

2 나는 가운데에 앉아도 괜찮아. (don't mind)

3 그들은 신이 나서 노래하기 시작했다. (with bells on)

4 그녀는 프로그램이 그렇게 힘들 줄은 몰랐다. (grind)

ANSWERS 1. We'll never finish this if we keep **dragging our feet** like this.
2. I **don't mind** sitting in the middle.
3. They started to sing **with bells on**.
4. She didn't know that the program would be such a **grind**.

Memories of a New Semester
새 학기에 대한 추억

Today's TOPIC

29th

학창 시절 새로운 학년이 시작되던 시기에 대한 좋은 추억들이 있다. 중고등학교 때는 새로운 교실에서, 새로운 친구들을 만났다.

새로운 담임 선생님이 누가 오시는지 모두 궁금해 하기도 했다. 무엇보다 여러 가지가 낯설기도 하고 그래서, 첫 일주일은 적응 기간이었다. 한동안 정들었던 친구들과 다른 반이 되어서 섭섭했던 마음이 들기도 했다.

대학교 때는 꼭두새벽에 일어나 수강 신청을 했던 기억이 난다. 미리 마감이 되는 수업들도 있어서, 정원이 다 차기 전에 수강 신청을 하기 위해서였다. 개강 당일에는 서점에 가서 필요한 교재를 샀던 기억도 난다. 휴학을 했다가 복학한 친구들을 다시 만나는 기쁨도 있었던 것으로 기억한다.

I have **fond memories** of the times when a new semester began **back in school**. In middle school and high school, I **got to know** new friends in a new classroom.

We all wondered who our new **homeroom teacher** would be. The first week was a **085** **break-in period** since everything **seemed unfamiliar**. For a while, I **felt down** because I was in a different class from friends that I had **086** **gotten attached to**.

In college, I remember getting up **at the break of dawn** to **087** **sign up for classes**. Some classes got filled pretty fast, so I wanted to sign up for them before they were full. On the day classes began, I remember going to the bookstore to **get my textbooks**. I also recall how good it felt to see friends who had **taken some time off school**.

KEY EXPRESSIONS

fond memories 좋은 추억
back in school 학창 시절에
get to know 만나다, 알아가다
homeroom teacher
담임 선생님
break-in period 적응 기간
seem unfamiliar
낯설어 보이다

feel down 섭섭하다, 우울하다
get attached to ~와 정들다
at the break of dawn 꼭두새벽에
sign up for classes 수강 신청을 하다
get my textbooks 교재를 구매하다
take some time off school
휴학하다

085 **break-in period** 적응 기간

The first week was a break-in period since everything seemed unfamiliar.

여러 가지가 낯설어서, 첫 일주일간은 적응 기간이었다.

During the break-in period, I was only given easy work.

적응 기간 동안에는 내게 쉬운 일만 주어졌다.

The shoes are comfortable, but they need a break-in period.

편한 신발이지만, 적응 기간이 필요하다.

086 **get attached to** ~와 정들다

I was in a different class from friends that I had gotten attached to.

정들었던 친구들과 다른 반이 되었다.

I should throw it away, but I've gotten attached to it.

이거 버려야 되는데, 너무 정들어 버렸다.

People sometimes get attached to people they argue with.

때로는 다투는 사람들과 정이 들기도 한다.

087 **sign up for classes** 수강 신청을 하다

I had to sign up for classes early in the morning.

나는 아침 일찍 수강 신청을 해야 했다.

I had to wake up early to sign up for classes.

아침에 일찍 일어나서 수강 신청을 해야 했다.

There was a period during which we had to sign up for classes.

수강 신청을 해야 하는 기간이 있었다.

음원 29-2

A Wow, I can't believe it's September already.
It still **feels like summer**.

B I know. My son **starts his new semester** next week.

A He must be upset. I hated it when summer vacation ended.

B Actually, he **is eager to go back to school**.

A Really? I guess the summer break was boring for him.

> **A** 우와, 벌써 9월이라니 믿을 수가 없네. 아직도 기분은 여름 같은데.
> **B** 그러게 말이야. 아들도 다음 주에 새 학기를 시작해.
> **A** 속상해 하겠네. 난 여름 방학이 끝나는 것이 정말 싫었었는데.
> **B** 의외로 아주 의욕적이야.
> **A** 정말? 여름 방학이 지루했었나 봐.

COMPOSITION PRACTICE

1 수강 신청을 해야 되는데 어느 수업을 들을지 모르겠어. (sign up for classes)

2 우리 모두 꼭 그 여행을 가고 싶었다. (be eager to)

3 새 휴대폰에 익숙해질 적응 기간이 필요했다. (break-in period)

4 그는 사람에게 쉽게 정이 드는 스타일이야. (get attached to)

ANSWERS   1. I have to **sign up for classes**, but I don't know which classes to take.
2. We **were** all **eager to** go on that trip.
3. I needed a **break-in period** for my new phone.
4. He **gets attached to** people easily.

Elementary School
초등학교

강의 **30**

Today's TOPIC

한국에서 초등학교는 아이가 만7살이 되는 해에 가게 된다. 부모가 원할 경우, 한 살 먼저 혹은 한 살 늦게 입학을 할 수도 있다. 사립 초등학교의 경우, 지원서를 제출해야 하고, 추첨을 통해 입학이 결정된다. 공립 초등학교의 경우, 거주지 근처의 특정 학교에 배정이 된다. 어린이들은 3월에 입학식을 하며, 정식 입학을 한다.

대도시의 경우, 초등학교 학급당 학생수는 20명 내외이다. 학교에서 학생들은 여러 가지 과목을 배우게 된다. 수업에 필요한 준비물은, 과거에는 가정에서 모두 준비해왔었다. 그러나 지금은 학교에서 많이 준비해주고 있다. 점심도 학교에서 무료로 제공해준다. 수업이 끝나고는 방과 후 활동을 별도로 신청해서, 아이들이 다양한 활동에 참여할 수 있다.

In Korea, kids **enter grade school** in the year they **turn 7 years old**. Parents can send their child to school a year earlier or later, **088** **if they so choose**. For **private elementary schools**, people have to **089** **turn in an application**. The students are selected **by a draw**. Otherwise, children **are assigned to** a **public school** close to where they live. Kids formally start school in March with an **entrance ceremony**.

In **major cities**, there are about 20 students in each elementary school class. Students learn several subjects in school. In the past, children had to prepare their own **school supplies**. But nowadays, the school often provides them. Lunch is also provided by the schools **090** **free of charge**. After school, kids can **sign up for extracurricular activities**, and participate in various courses.

| KEY | EXPRESSIONS |

enter grade school
초등학교에 입학하다

turn 7 years old 만 7세가 되다

if they so choose
본인이 원한다면

private elementary school 사립 초등학교

turn in an application
지원서를 제출하다

by a draw 추첨을 통해

be assigned to 배정 받다

public school 공립 학교

entrance ceremony 입학식

major city 대도시

school supplies 학교 준비물

free of charge 무료로

sign up for
등록하다, 신청하다

extracurricular activity
방과 후 활동

088 if they so choose 그들이 원한다면

Parents can send their child to school a year earlier or later, if they so choose.
부모가 원할 경우, 한 살 먼저 혹은 한 살 늦게 입학을 할 수도 있다.

Students can bring laptops to the class, if they so choose.
학생들이 원한다면 수업에 노트북을 휴대하고 들어갈 수 있다.

They can order in, if they so choose.
그들이 원한다면 음식을 시켜 먹어도 돼.

089 turn in an application 지원서를 제출하다

For private elementary schools, people have to turn in an application.
사립 초등학교의 경우, 지원서를 제출해야 한다.

I turned in an application, but I don't think I will be accepted.
지원서를 제출하긴 했는데, 합격할 것 같지는 않다.

I had to take a test before turning in an application.
지원서를 제출하기에 앞서 나는 시험을 봐야 했다.

090 free of charge 무료로

Lunch is provided by the schools free of charge.
학교에서 점심을 무료로 제공해준다.

They offered samples free of charge.
그들이 무료로 샘플을 나눠줬다.

You can borrow a bicycle at the park free of charge.
공원에서 무료로 자전거를 빌릴 수 있다.

A How old is your kid now?

B He's six years old.

A Yeah? Then he must be **starting grade school** next year!

B That's right. **Time flies.** I still remember when he was a baby, but he **grew up so fast**.

A Yeah, kids grow up **in the blink of an eye**.

> **A** 아이가 이제 몇 살이지?
> **B** 이제 만 6살 지났지.
> **A** 그래? 그럼 내년에 초등학교 입학하겠네!
> **B** 맞아. 시간 정말 빨라. 갓난아이 때가 아직 생생한데. 금방 컸어.
> **A** 그럼. 아이들은 눈 깜짝할 사이에 크지.

COMPOSITION PRACTICE

1 그들이 그렇게 하고 싶다면, 다음 주에 해도 돼. (if they so choose)

2 오늘 잊어버리지 말고 네 지원서를 제출해. (turn in an application)

3 책을 무료로 빌려볼 수 있다. (free of charge)

4 우리 조카가 정말 빠르게 크고 있어. (grow up so fast)

ANSWERS
1. They can do it next week, **if they so choose**.
2. Don't forget to **turn in your application** today.
3. You can borrow books **free of charge**.
4. My niece is **growing up so fast**.

Applying for College

대학 입시

Today's TOPIC

대학 진학은 대부분의 한국 학생들에게 주된 목표다. 교육열이 매우 높아서, 많은 학생들이 대학 진학을 한다. 고등학교 3학년 때 대학에 지원을 하기 때문에 고3 학생들이 특히 바쁘다.

대학 입시 지원의 주된 두 가지 방법은 정시 전형과 수시 전형이다. 수시 전형의 경우, 성적과 더불어, 여러 항목이 고려된다. 학교장 추천, 어학 실력, 혹은 주요 대회 입상 경력 등을 포함한다. 학생들은 고3 첫 학기부터 지원을 할 수 있다.

정시 전형의 경우, 학생들은 여러 항목 중 크게 수능 성적과 내신 두 가지를 바탕으로 평가 받는다. 학생들은 11월에 수능에 응시한다. 대학들의 합격 통지서는 연말에 전달된다.

음원 **31-1**

091 <u>Being accepted to college</u> is a **major goal** for most students in Korea. The **educational fervor** is very strong, so many students go to college. Students are especially busy **in their senior year of high school** as that is when they **apply for college**.

The two main ways to **092** <u>apply for college</u> are **regular admissions** and **rolling admissions**. For rolling admissions, various factors other than grades **are taken into account**. These can include **recommendations from school principals, language skills**, or **winning major competitions**. Students can apply starting in the first semester of their **senior year**.

For regular applications, students **093** <u>are judged on</u> two main factors among others: their **College Scholastic Ability Test** scores and their **high school grades**. Students take the CSAT in November. **Acceptance letters** from universities are delivered **at the end of the year**.

KEY	EXPRESSIONS

be accepted to college
대학에 합격하다

major goal 주요 목표
educational fervor 교육열
in one's senior year of high school
고등학교 3학년 때
apply for college 대학에 지원하다
regular admissions 정시 전형
rolling admissions 수시 전형
be taken into account 고려되다
recommendation from school

principal 학교장 추천
language skills 어학 실력
win a major competition
주요 대회에 입상하다
senior year 졸업 학년
be judged on ~을 기준으로 평가 받다
College Scholastic Ability Test
대학 수능 시험
high school grades 고등학교 내신
acceptance letter 합격 통지서
at the end of the year 연말에

091 **be accepted to college** 대학에 합격하다

Being accepted to college is a goal for most students in Korea.
대학 진학은 대부분 한국 학생들의 목표다.

My happiest day was when I was accepted to college.
대학에 합격한 날은 내 인생에서 가장 행복한 날이었다.

Being accepted to college is not all there is in life.
대학에 합격하는 것만이 인생의 전부만은 아니다.

092 **apply for college** 대학에 지원하다

There are two main ways to apply for college.
대학에 지원하는 방법은 크게 두 가지이다.

You should consider many things when you apply for college.
대학에 지원할 때는 여러 가지 사항을 고려해야 한다.

Applying for college causes stress for many students.
대학 지원은 많은 학생에게 스트레스를 안겨준다.

093 **be judged on** ~을 기준으로 평가 받다

Students are judged on two main factors.
학생들은 크게 두 가지 사항을 기준으로 평가를 받는다.

You will be judged on content and grammar.
평가는 내용과 문법을 기준으로 이루어진다.

Restaurants are judged on both food and service.
음식점들은 음식과 서비스 모두를 기준으로 평가 받는다.

A Why do you **look so down** these days?

B I am **a high school senior** now. It's very stressful.

A **Keep your chin up**. You'll do fine.

B I will. Thanks for **the encouragement**.

A Just ask for help whenever you need to.

> A 요즘 왜 그렇게 기분이 쳐져 보이니?
> B 저도 이제 고3이잖아요. 스트레스가 아주 심해요.
> A 기운 내. 넌 잘 할 거야.
> B 그럴게요. 응원해주셔서 감사해요.
> A 도움이 필요하면 언제든지 도와달라고 해.

COMPOSITION PRACTICE

1 아들이 내년에 대학 입시 지원을 준비해야 돼. (apply for college)

2 우리 출석률도 고려 대상에 포함되었다. (be taken into account)

3 대학교 4학년 때는 수업을 많이 수강하지 않았다. (senior year)

4 기말고사의 평가 기준은 무엇입니까? (be judged on)

ANSWERS
1. My son is **applying for college** next year.
2. Our attendance **was** also **taken into account**.
3. I didn't take many classes in my **senior year** of college.
4. What will we **be judged on** for the finals?

School Teachers

학교 교사

강의 **32**

Today's TOPIC

32th

한국에서 가르치는 직업은 상당히 인기가 높은 직업 중의 하나이다. 많은 청소년들의 장래 희망이기도 하다.

가르치는 직업은 매우 보람된 직업이다. 학내에서 교사로 존중을 받고, 사회적으로도 존경을 받는다. 더불어, 출퇴근 시간이 일정하고, 매년 방학이 두 차례있다. 급여 수준도 여타 공무원직에 비해 상대적으로 높은 편이다. 퇴직 후에도 교사들은 별도의 연금 기금에서 연금을 수령한다.

하지만 교사로서 힘든 부분들도 있다. 교실 수업 외에도, 많은 행정 업무를 수행해야 한다. 거기에 학생 진학 지도도 해야 하고, 매우 까다로운 학부모들을 상대해야 하는 어려움도 있다. 또한 최근에는 학생들의 생활 지도에 어려움을 겪고 있기도 하다. 사교육이 판을 치는 한국에서 학교 교사는 사명감 없이는 하기 힘든 직업이라는 점은 분명하다.

Teaching in Korea is quite a popular job. It's **094 what a lot of young people want to be** when they grow up.

Teaching is very **rewarding work**. Teachers are **095 looked up to** at school. They are also respected throughout society. They also have **regular work hours** and two vacations each year. Compared to other **civil servants**, their income is relatively high. Even after retirement, teachers **receive a pension** from a separate **pension fund**.

However, teachers also **face hardships**. In addition to teaching classes, they have to **do a lot of paperwork**. Plus, they must **provide guidance** for students, and deal with parents who are very **demanding**. Plus, it's very hard for teachers to guide students these days. In a country like Korea where **private education** is so **widespread**, it's hard to be a teacher without feeling **096 a sense of duty**.

KEY	EXPRESSIONS

what ~ want to be
~의 장래 희망

rewarding work 보람된 일
look up to 존경하다
regular work hours
규칙적인 근무 시간

civil servant 공무원
receive a pension 연금을 받다
pension fund 연금 기금
face hardships 어려움을 겪다

do paperwork
행정 업무를 하다

provide guidance
(진로 등을) 지도하다

demanding
요구하는 것이 많은

private education 사교육
widespread
널리 확산되어 있는

a sense of duty 사명감

094 **what ~ want to be** ~의 장래 희망

It's what a lot of young people want to be
when they grow up.
그것은 많은 청소년들의 장래 희망이기도 하다.

A doctor is what I wanted to be when I was younger.
어릴 때는 커서 의사가 되고 싶었었다.

You should choose your major based on
what you want to be.
장래 희망이 뭔지에 따라 전공을 고르는 것이 좋다.

095 **look up to** 존경하다

Teachers are looked up to at school.
학내에서 교사는 존경을 받는다.

As I grow older, I look up to my parents more and more.
나이가 들수록 부모님이 점점 더 존경스럽다.

I want my children to look up to me.
아이들이 나를 존경할 수 있으면 좋겠다.

096 **a sense of duty** 사명감

It's hard to be a teacher without feeling a sense of duty.
학교 교사는 사명감 없이는 하기 힘든 직업이다.

It's not something that I do out of a sense of duty.
딱히 사명감이 있어서 하는 것은 아니다.

It's very difficult, but I do it because of a sense of duty.
아주 어렵지만, 사명감 때문에 하고 있다.

A **What is your sister up to** these days?

B Oh, she's **studying to become** a teacher.

A I see! It would be great to become a teacher. It's **a dream job**.

B It's not bad. But it's hard to **pass the exam**.
There's a lot of competition.

A I see.

> A 요즘 너희 동생은 뭐하니?
> B 아, 선생님 되려고 준비하고 있어.
> A 그렇구나! 학교 교사가 되면 정말 좋겠다. 최고의 직업이잖아.
> B 나쁘지 않지. 그런데 일단 시험 합격이 정말 어려워. 경쟁이 치열해.
> A 그렇구나.

COMPOSITION **PRACTICE**

1 요즘은 많은 어린이들의 장래 희망이 유투버이다. (what ~ want to be)

2 나는 우리 부모님을 항상 존경해왔다. (look up to)

3 매일 일자리에서 강한 사명감을 느낀다. (a sense of duty)

4 사람들은 의사가 꿈의 직업이라 생각하지만, 쉬운 일이 아니다. (a dream job)

ANSWERS   1. These days, a Youtuber is **what a lot of kids want to be** when they grow up.
2. I have always **looked up to** my parents.
3. I feel a strong **sense of duty** at my job every day.
4. People think being a doctor is **a dream job**, but it's not easy.

School Reunions

학교 동문회

Today's TOPIC

한국 사람들은 학교 동문회에 매우 적극적으로 참여한다. 학창 시절을 함께 보낸 친구들과 졸업 후에도 함께 만나서 밀린 얘기도 나누고, 살아가는 이야기들을 한다. 순수했던 시절을 함께 보낸 사람들이고, 힘든 시절을 함께 했던 사람들이라, 연락이 끊겼다가도 다시 보면 항상 반가운 이들이 동창들이다.

사람들은 옛 학창 시절의 추억을 이야기하면서 즐거운 시간을 보낼 수 있다. 더불어 각자 다 다른 일들을 하다 보니, 서로 돕고 지낼 수도 있다. 동문들과 꾸준히 연락하며 지내기도 쉬워졌다. 요즘은 SNS 사용이 보편화된 덕분에 동문들의 근황을 쉽게 확인할 수 있다. 더불어 동창들과 채팅 단톡방을 만드는 경우도 많다.

음원 33-1

People in Korea attend **school reunions with bells on**. Even after they graduate, people **have get-togethers** with their old friends. They **catch up** and **097** <u>**chew the fat**</u> together. **Alumni** are people that we shared our **innocent years** with. We **went through a lot** together. That's why it's always good to see them, even after **098** <u>**falling out of touch**</u>.

People **reflect back on** their **school days** and **have a ball** together. Since everyone is in a different **line of work**, they can **give each other a leg up**. It's become easier to **099** <u>**touch base with**</u> alumni, too. Thanks to social media, people can easily see **what their friends are up to**. They also create **group chat rooms** often.

KEY	EXPRESSIONS

school reunion 학교 동문회
with bells on 매우 적극적으로
have a get-together 모임을 갖다
catch up 그간의 근황을 공유하다
chew the fat 수다를 떨다
alumni 졸업생, 동창생
innocent years 순수한 시절
go through a lot 여러 일을 함께 겪다
fall out of touch 연락이 끊기다
reflect back on ~을 되돌아보다

school days 학창 시절
have a ball 즐거운 시간을 보내다
line of work 직종
give ~ a leg up
~에게 도움을 주다
touch base with
~와 만남을 가지다
what ~ is up to ~의 근황
group chat room 단체 채팅방

097 **chew the fat** 수다를 떨다

People chew the fat **together at school reunions.**
사람들은 동문회에서 수다를 떤다.

A coffee shop is a good place to chew the fat.
커피숍은 수다를 떨기에 좋은 장소이다.

I met with friends after work to chew the fat.
퇴근 후 수다를 떨기 위해 친구들을 만났다.

098 **fall out of touch** 연락이 끊기다

It's always good to see old friends, even after falling out of touch.
연락이 끊긴 후에도 옛 친구를 만나면 항상 좋다.

We used to be best friends, but we fell out of touch.
한때는 절친한 친구였지만, 연락이 끊기고 말았다.

People often fall out of touch **with friends when they move.**
사람들은 이사를 하며 친구들과 연락이 끊기는 경우가 많다.

099 **touch base with** ~와 만남을 가지다

It's become easier to touch base with **alumni.**
동창들과 서로 만나기가 쉬워졌다.

I call my mom often to touch base with **her.**
엄마께 자주 전화를 걸어 만나 뵌다.

I should touch base with **my boss before I go further.**
더 진행하기 전에 상사에게 직접 보고를 하는 것이 좋겠다.

A Hey, is that you? Wow, how have you been all these years?

B **Long time, no see!** You haven't changed a bit.

A It's so good to see you. I'm glad I came to **the reunion**.

B Have you seen everyone else?

A No, not yet. Let's **go around and say hello**.

> A 야, 너 맞지? 우와, 그 동안 어떻게 지냈어?
> B 정말 오랜만이다! 넌 하나도 안 변했구나.
> A 이렇게 보니까 정말 좋다. 동창회 나오기를 잘했네.
> B 다른 사람들도 다 봤어?
> A 아니, 아직. 돌아다니면서 인사 좀 하자.

COMPOSITION PRACTICE

1 주말에는 친구들과 서로 소식을 전하는 것을 좋아한다. (touch base with)

2 더 젊을 때는 무엇이든지 매우 의욕적으로 했다. (with bells on)

3 우리는 서로 이메일을 자주 주고받아서 연락이 끊기지 않았다. (fall out of touch)

4 회의를 시작하기에 앞서 몇 분간 가볍게 수다를 떨었다. (chew the fat)

ANSWERS
1. I like to **touch base with** my friends on weekends.
2. When I was younger, I did everything **with bells on**.
3. We didn't **fall out of touch** because we exchanged e-mails often.
4. We **chewed the fat** for a few minutes before the meeting.

SERVICE

서비스 ————

RELATED QUESTIONS
주제별 스피치 향상을 위한 질문 모음

Try to answer the questions based on each topic.

DAY 34 `TOPIC` 휴대 전화 개통
1 What are some things when you consider the most when getting a new cell phone?
2 When was the last time you got a new cell phone?
   Why did you change your phone?
3 Tell me about a time when you had trouble with your cell phone.

DAY 35 `TOPIC` 휴대폰 요금제
1 Describe the phone plan that you use. Why did you choose it?
2 What are some ways to pay less for your mobile phone bill?
3 How much data do you use each month?
   What do you usually use it for?

DAY 36 `TOPIC` 휴대 전화 수리
1 What do you do when your phone is not working properly?
2 Have you ever taken your phone in for repairs?
   What was the problem?
3 Have you ever dropped your phone? Was your phone okay?

DAY 37 `TOPIC` 택배 서비스
1 Do you often use delivery services? What do you use them for?
2 Why are delivery services in Korea so quick?
3 What do you do when you can't receive a parcel delivery in person?

DAY 38 `TOPIC` 배송 지연된 경험
1 What kind of things do you often have delivered?
2 What was the last delivery you received?
3 How do you react when a delivery is late?

DAY 39 `TOPIC` 대리운전
1 What do you think of designated driver services?
2 Do you feel safe when hiring a designated driver? Why or why not?
3 Talk about the dangers of drunk driving.

DAY 40 `TOPIC` 발레 파킹
1 Do you prefer valet parking or parking your own car? Explain why.
2 What do you do when you can't find a parking spot for your car?
3 What would you do if a valet attendant damaged your car?

DAY 41 `TOPIC` 자동차 수리
1 When was the last time you took your car in for repairs?
2 Where do you take your car in for repairs?
3 How often do you take your car in for regular check-ups?

DAY 42 `TOPIC` 산후조리원
1 Do you know of anyone who has used postnatal care centers after having a baby?
2 What are the benefits of postnatal care centers?
3 Would you or your wife/husband use a postnatal care center after having a baby?

New Cell Phone

휴대 전화 개통

강의 **34**

Today's TOPIC

34th

작년에 새 휴대 전화를 샀다. 기존에 쓰던 기종이 싫증이 나서 다른 제조사 기기를 구입하기로 마음먹었다.

최신 기종이었기 때문에, 처음에는 새로운 기능들이 익숙하지가 않았다. 화면 캡처와 같은 기본적인 것들도 쉽지 않았기 때문에 약간 불편했다. 뿐만 아니라, 기판도 익숙하지 않았기 때문에 오타도 많이 났고, 글자를 치는 데도 시간이 오래 걸렸다. 게다가 내가 쓰던 어플리케이션들을 다시 다 다운로드 받아야 했고, 계정에 전부 다시 로그인해야 했다. 시간이 제법 오래 걸렸다.

전반적으로 새 휴대 전화에 익숙해지는 데 꼬박 일주일 정도 걸린 것 같다. 지금은 폰이 아주 익숙해서 사용하는 데 전혀 어려움이 없다.

I got a new cell phone last year. I decided to get another brand because I was getting tired of my old phone.

Because it was a new model, I **100** was not used to the new features at first. It was quite frustrating because I had a hard time doing basic things, such as capturing screen images. Plus, I was not used to the keypad, so I **101** made a lot of typos. It took me a long time to type something in. Even worse, I had to download all the applications I used to use and log in to all my accounts. It was quite time-consuming.

Overall, it **102** took me a full week to get used to the new phone. Now, I've gotten very used to it and I have no problem using it.

| KEY | EXPRESSIONS |

get a new cell phone
새로운 휴대폰을 구매하다

get tired of 싫증이 나다

be not used to
~에 익숙하지 않다

feature 기능

at first 처음에는

capture screen images
스크린 캡처하다

frustrating 짜증나는, 불만스러운

keypad 입력 기판

make a lot of typos
오타를 많이 내다

take ~ a long time to …
~가 …하는 데 오래 걸리다

log in to ~에 로그인하다

time-consuming
시간이 많이 소요되는

take ~ a full week to …
~가 …하는 데 꼬박 일주일이 걸리다

get used to ~에 익숙해지다

100 **be not used to** ~에 익숙하지 않다

I **was not used to** the new features at first.

처음에는 새로운 기능들이 익숙하지가 않았다.

She **is not used to** being alone.

그녀는 혼자 있는 것에 익숙하지 않다.

I **am not used to** travelling by myself.

나는 혼자서 여행하는 것에 익숙하지 않다.

101 **make a lot of typos** 오타를 많이 내다

I was not used to the keypad, so I made a lot of typos.

기판도 익숙하지 않았기 때문에, 오타도 많이 났다.

I hate it when I make a lot of typos.

오타가 많이 나면 정말 싫다.

Try not to make a lot of typos.

오타 많이 내지 않도록 해봐.

102 **take ~ a full week to** ... ~가 …하는 데 꼬박 일주일이 걸리다

It took me a full week to get used to my new phone.

새 휴대 전화에 익숙해지는 데 꼬박 일주일 정도 걸렸다.

It took me a full week to adjust to my new car.

새로운 차에 익숙해지는 데 꼬박 일주일이 걸렸다.

It took me a full week to get better.

낫는 데 꼬박 일주일이 걸렸다.

A There are just so many **functions** on smartphones.

B Yeah, you're right.

A **It takes forever** to **get used to** a new phone.

B I totally agree with you.

A I got my phone a month ago,
and I'm still not used to several **features**.

> **A** 스마트폰에는 기능들이 너무 많아.
> **B** 응, 맞아.
> **A** 새 전화기에 적응하는 데 너무 오래 걸려.
> **B** 나도 그렇게 생각해.
> **A** 나도 한 달 전에 새 전화기 샀는데, 몇 가지 기능이 아직도 익숙하지 않아.

COMPOSITION PRACTICE

1 나는 오타를 많이 낸지 몰랐다. (make a lot of typos)

2 새 마우스가 익숙하지 않다. (be not used to)

3 그것은 매우 짜증나는 경험이었다. (frustrating)

4 이 발표를 준비하는 데 꼬박 일주일이 걸렸다. (It take ~ a full week to ...)

ANSWERS 1. I didn't know I had **made a lot of typos**.
2. I **am not used to** this new mouse.
3. It was such a **frustrating** experience.
4. **It took me a full week to** prepare this presentation.

Phone Plans

휴대폰 요금제

Today's TOPIC

35th

예전에는 휴대폰 요금이 주로 음성 통화를 얼마나 하는지에 따라 결정되었다. 그러나 요즘 핸드폰 요금제는 대부분 데이터 사용을 기준으로 책정된다. 인터넷을 하는 데 휴대폰을 더 많이 사용하기 때문에, 사용할 수 있는 데이터의 용량에 따라 요금이 정해진다. 많은 경우, 전화 통화나 문자를 발송하는 비용은 무료로 제공되는 경우가 많다.

데이터 사용도 제한없이 사용할 수 있는 무제한 요금제들이 많이 있다. 고화질 영상을 시청하거나, 음악을 스트리밍으로 듣는 경우가 많기 때문이다. 통신사 별로 경쟁적으로 각종 요금제를 내놓는다. 소비자들은 본인의 사용 성향에 가장 적합한 요금제를 골라 사용한다. 휴대폰 이용료가 과도하다고 생각하는 사람들이 많고, 통신비를 인하해야 한다고 생각하는 사람들도 많다.

In the past, the amount of time a person was on the line would determine their mobile phone bill. However, most phone plans these days are drawn up depending on data usage. Since people use their phones more to access the internet, the bill is decided by the amount of data at their disposal. In many cases, calls or text messages are provided free of charge.

There are many **103** unlimited data plans that don't **104** put a cap on the amount of data a person can use. It's because people watch high-res videos or stream music quite often. Mobile carriers compete fiercely to present various payment plans. Consumers can have their pick of the bunch, depending on their usage patterns. Many people think that they are **105** paying through the nose for their phone bills and that costs should be lowered.

KEY EXPRESSIONS

be on the line 통화 중이다
mobile phone bill 휴대폰 요금 청구서
phone plan 휴대폰 요금제
be drawn up 작성되다
data usage 데이터 사용
access the internet 인터넷에 접속하다
at one's disposal 사용 가능한
free of charge 무료로
unlimited data plan 데이터 무제한 요금제
put a cap on ~에 제한을 두다

high-res video 고화질 영상
stream music 스트리밍 음악을 듣다
mobile carrier 이동 통신사
compete fiercely
치열하게 경쟁하다
have one's pick of the bunch
취향대로 선택하다
usage patterns 사용 습관
pay through the nose
높은 비용을 지불하다

103 **unlimited data plan** 데이터 무제한 요금제

There are many unlimited data plans **that people use.**
사람들이 사용하는 다양한 데이터 무제한 요금제가 있다.

An unlimited data plan **is convenient, but it can be expensive.**
데이터 무제한 요금제는 편리하지만 비쌀 수도 있다.

I don't need an unlimited data plan **because I don't use my phone much.**
나는 휴대폰을 많이 사용하지 않기 때문에 데이터 무제한 요금제는 필요 없다.

104 **put a cap on** ~에 제한을 두다

Some plans don't put a cap on **the amount of data a person can use.**
어떤 요금제는 사람들이 사용할 수 있는 데이터 양에 제한을 두지 않는다.

I put a cap on **how much TV my kids can watch.**
아이들의 TV 시청 시간에 제한을 둔다.

The government put a cap on **the number of hours people can work.**
정부는 사람들이 일할 수 있는 시간에 제한을 두었다.

105 **pay through the nose** 높은 비용을 지불하다

Many people think that they are paying through the nose **for their phone bills.**
휴대폰 요금이 너무 비싸다고 생각하는 사람들이 많다.

We had to pay through the nose **to get our plane tickets.**
비행기표를 구하느라 높은 비용을 지불해야 했다.

You can avoid paying through the nose **by researching online.**
인터넷으로 조사를 해보면 높은 비용을 지불하는 것을 피할 수 있다.

A You **look stressed out** today. Is something wrong?

B I'm trying to choose a **phone plan**. It's pretty **complicated**.

A I know what you mean.
There are so many plans. So, it can be confusing.

B I **can't make any sense of it**. How did you choose your plan?

A I just went with an **unlimited data plan**
because I use a lot of data.

A 오늘 뭔가 스트레스 받고 있는 것 같아 보이네. 무슨 문제라도 있어?
B 휴대폰 요금제를 선택하는 중이야. 상당히 복잡하네.
A 무슨 얘기인 줄 알아. 요금제가 워낙 많아서 헷갈릴 수 있더라고.
B 도저히 이해가 안 돼. 넌 요금제를 어떻게 골랐니?
A 난 데이터 사용이 많은 편이어서, 데이터 무제한 요금제를 골랐어.

COMPOSITION PRACTICE

1 넌 마시는 커피의 양을 좀 제한하는 것이 좋겠어. (put a cap on)

2 미리 조사를 하지 않아서 높은 비용을 지불하게 됐다. (pay through the nose)

3 나는 스트리밍 음악을 듣기 때문에 데이터 무제한 요금제가 필요하다. (unlimited data plan)

4 사용 가능한 모든 재료들을 사용했다. (at one's disposal)

ANSWERS 1. You should **put a cap on** how much coffee you drink.
2. I **paid through the nose** because I didn't do any research.
3. I need an **unlimited data plan** because I stream music.
4. I used all the ingredients **at my disposal**.

Getting a Phone Fixed

휴대 전화 수리

Today's TOPIC

지금까지 휴대 전화를 사용해오면서, 여러 가지 문제가 있었다.

한 번은 휴대 전화의 상태가 이상했다. 우선 전화기가 계속해서 저절로 꺼졌다. 그리고 꽤 자주 먹통이 되곤 했다. 뿐만 아니라, 배터리가 매우 빨리 닳았다. 이만저만 불편한 것이 아니었기 때문에, 전화기 수리를 맡기러 갔다. 서비스 센터의 직원분이 부품을 몇 개 교체하자 상태가 좋아졌다. 보증 기간이 지나지 않았기 때문에 무상 수리를 받을 수가 있었다.

그리고 한 번은 전화기를 떨어뜨린 적이 있었다. 액정에 금이 가서, 수리를 받아야 했다. 그것은 내 과실이었기 때문에 내가 비용을 지불해야 했다. 액정을 교체하는 데 비용이 제법 많이 들었다. 그 이후로 전화기가 파손되지 않게 특별히 더 주의하며 쓰고 있다.

I've **had a lot of problems** with my cell phone.

Once, my phone was **106** **doing weird stuff**. First, it kept **turning off by itself**. It **107** **froze** quite often as well. Plus, it **used up the battery real fast**. It was **causing me a lot of trouble**, so I **108** **took it in for repairs**. The **technician** at the **service center** changed several **parts**, and it got better. The repair was free because it **was covered by a warranty**.

And then, there was a time when I **dropped my phone**. The screen **cracked** and I had to **get it repaired**. That **cost me some money** because it **was my fault**. It was quite expensive to get a new screen. Since then, I have **taken extra care** of my phone to prevent it from **getting damaged**.

KEY EXPRESSIONS

have a lot of problems 문제가 많다
do weird stuff 이상한 짓을 하다
turn off 꺼지다
by itself 저절로
freeze 먹통이 되다, 작동을 멈추다
use up the battery 배터리를 소모하다
real fast 매우 빠르게
cause ~ a lot of trouble
~에게 불편함을 끼치다
take ~ in for repairs
~의 수리를 맡기다
technician 기술자

service center A/S 센터
part 부품
be covered by a warranty
보증 기간이 있다
drop one's phone 전화기를 떨어뜨리다
crack 금이 가다
get ~ repaired ~을 수리하다
cost ~ some money
(~에게) 돈이 들어가다
be one's fault ~의 잘못이다
take extra care 각별히 더 주의하다
get damaged 파손되다

106 **do weird stuff** 이상한 짓을 하다

My phone was doing weird stuff.

내 휴대 전화의 상태가 이상했다.

He always does weird stuff when he gets drunk.

그는 술에 취하면 항상 이상한 짓을 한다.

My brother would do weird stuff as a kid.

내 동생은 어렸을 때 이상한 짓들을 하곤 했다.

107 **freeze** 먹통이 되다, 작동을 멈추다

It froze quite often as well.

그리고 꽤 자주 먹통이 되곤 했다.

My laptop freezes often these days.

노트북이 요즘 자주 멈춰버린다.

My phone freezes whenever I run this application.

내 휴대 전화는 이 어플리케이션을 실행할 때마다 먹통이 된다.

108 **take ~ in for repairs** ~의 수리를 맡기다

It was causing me a lot of trouble, so I took it in for repairs.

이만저만 불편한 것이 아니었기 때문에, 나는 전화기 수리를 맡겼다.

I had to take my laptop in for repairs because I dropped it.

나는 노트북을 떨어뜨리는 바람에 수리를 맡겨야 했다.

I took my car in for repairs because I had an accident.

나는 사고가 나서 차 수리를 맡겼다.

A Do you use your phone without a case like that?

B No, I need to buy a new **phone case**.

A What happened to your old one?

B It just **got worn out** and **got really dirty**.

A I see. I **replace** my phone cases **from time to time** myself.

> A 휴대 전화를 케이스 없이 그렇게 쓰니?
> B 아니, 폰 케이스를 하나 새로 사야 해.
> A 예전 쓰던 거는 어떻게 되었는데?
> B 그냥 오래 써서 닳아 해졌고, 정말 더러워졌어.
> A 그렇구나. 나도 폰 케이스를 주기적으로 바꿔.

COMPOSITION PRACTICE

1 요즘 내 전화기가 자꾸 이상한 짓을 한다. (do weird stuff)

2 전화기가 자주 먹통이 되는 바람에 전화를 받을 수가 없다. (freeze)

3 나는 전화기 수리를 맡겨야 한다. (take ~ in for repairs)

4 내 차는 5년 동안 무상 수리를 받을 수 있다. (be covered by a warranty)

ANSWERS   1. My phone is **doing weird stuff** these days.
2. I can't answer my phone because it **freezes** quite often.
3. I need to **take** my phone **in for repairs**.
4. My car **is covered by a** five-year **warranty**.

Delivery Services
택배 서비스

강의 **37**

Today's TOPIC

37th

한국의 소포 배달 서비스는 전 세계 최고의 서비스라고 해도 과언이 아니다. 여기에는 체계적인 물류 시스템의 공이 크다.

택배 서비스는 대부분 하루 이틀 사이에 전국 방방곡곡에 소포를 배송해준다. 거의 무엇이든 배송이 가능하고, 요금도 그리 비싸지 않다. 택배 서비스 중 하나를 이용해 붙이면 송장 번호를 받게 된다. 그것으로 배송한 물건의 배송 상태를 온라인상에서 실시간으로 확인할 수도 있다.

더불어 물건을 바로 문 앞까지 가져다준다. 사람이 집에 없는 경우에는 택배 상자를 문 앞에 놓아 두거나 경비실에 맡겨 달라고 부탁할 수도 있다. 온라인 쇼핑이 워낙 보편화된 요즘, 택배는 그야말로 없어서는 안 될 서비스이다.

음원 37-1

It's fair to say that Korea's parcel delivery services are world class. This is thanks to a well-organized distribution system.

Parcels can usually be delivered to **109** every corner of the country **110** in just a day or two. Almost anything can be delivered, and the delivery fees won't break the bank. When you send a parcel using one of these services, you get a tracking number. With that, the delivery status of a sent parcel can be checked online **111** in real time.

What's more, parcels are delivered right to your doorstep. You can also ask for the parcel to be left at your doorstep or at the management office if you are not at home. With online shopping being so commonplace these days, parcel delivery is an indispensable service.

KEY EXPRESSIONS

it's fair to say ~이라 해도 과언이 아니다
parcel delivery service
택배 배달 서비스
world class 세계적인 수준
well-organized 체계적인, 정돈이 잘 된
distribution system 물류 체계
every corner of the country
전국 방방곡곡
in just a day or two 하루 이틀 만에
delivery fee 배송 요금

break the bank 비싸다
tracking number 송장 번호
delivery status 배달 상태
in real time 실시간으로
right to one's doorstep 현관 앞까지
management office 관리실
commonplace 보편화된
indispensable service
없어서는 안 될 서비스

109 **every corner of the country** 전국 방방곡곡

Parcels can be delivered to every corner of the country.
택배를 전국 방방곡곡으로 보낼 수 있다.

You can find convenience stores in every corner of the country.
전국 방방곡곡에서 편의점을 찾아볼 수 있다.

I would like to travel to every corner of the country.
전국 방방곡곡으로 여행을 가보고 싶다.

110 **in just a day or two** 하루 이틀 만에

Parcels can be delivered in just a day or two.
택배를 불과 하루나 이틀 만에 배달할 수 있다.

You can travel anywhere in the world in just a day or two.
하루나 이틀 만에 세계 어디로든 이동할 수 있다.

In just a day or two, **the problem was fixed.**
불과 하루 이틀 만에 문제가 해결되었다.

111 **in real time** 실시간으로

People can check the delivery status in real time.
실시간으로 배송 상태를 확인할 수 있다.

Thanks to my phone, I can read the news in real time.
휴대폰 덕분에 뉴스를 실시간으로 읽어볼 수 있다.

I like to check the weather forecast in real time.
실시간으로 기상 예보를 확인하는 것을 좋아한다.

A Is it easy to **send parcels** here in Korea?

B It's really easy. And it **does not cost that much.**

A That's great!

B Plus, it's really fast, too. It only **takes a day or two. Three days max.**

A Really? That's really fast. In my country, it **takes at least a week.**

> **A** 한국에서는 택배를 보내기 쉬워?
> **B** 정말 쉬워. 게다가 비용도 얼마 안 해.
> **A** 그거 좋네!
> **B** 그리고 배송 속도도 정말 빨라. 하루 이틀이면 돼. 아무리 길어도 삼일 정도.
> **B** 정말? 그거 정말 빠르다. 우리나라에서는 최소 일주일은 걸려.

COMPOSITION PRACTICE

1 경기를 보지 못했지만, 점수는 실시간으로 확인했다. (in real time)

2 우리는 전국 방방곡곡을 여행했다. (every corner of the country)

3 이것을 하루나 이틀 만에 끝마치는 것은 불가능해. (in just a day or two)

4 그녀는 늘 정돈이 잘 되어 있기 때문에 성공적이었다. (well-organized)

ANSWERS 1. I could not watch the match, but I checked the score **in real time**.
2. We travelled to **every corner of the country**.
3. It's impossible to finish this **in just a day or two**.
4. She was successful because she is always **well-organized**.

DAY
38

Late Delivery

배송 지연된 경험

강의 **38**

Today's TOPIC

38th

나는 채널을 돌리다가 홈쇼핑 채널을 즐겨 본다.

한번은 딱 내 취향에 맞는 셔츠를 봤다. 전화를 걸어서 한 장 주문했다. 대체로 한국의 택배 서비스는 매우 빠른 편이다. 그래서 주문한 물건이 넉넉히 하루나 이틀이면 도착할 줄 알았다. 하지만 일주일이 지나도 셔츠가 도착하지 않았다. 고객 서비스 센터에 전화를 했다. 상담원은 워낙 주문량이 많아서 주문이 밀려 있다고 말했다. 셔츠는 며칠 후에 도착했다.

또 한번은 피자를 주문했다. 점심 때 주문이 밀리는 시간이라 음식 배달 앱에 대기 시간이 60분이라고 나왔다. 그러나 실제 도착 시간은 그보다도 더 오래 걸렸다. 피자가 도착했을 무렵에는 배가 무척이나 많이 고팠다. 배달이 늦었을 뿐만 아니라 피자가 심지어 식어 있었다. 전화를 걸어서 불평을 해야 했다.

SPEECH PRACTICE

음원 **38-1**

When I'm **channel surfing**, I like to watch home shopping channels.

One time, I saw a shirt that **was right up my alley**.
I **112 phoned in** and ordered one. Usually, **parcel delivery services** in Korea are very fast. I thought it would arrive **in a day or two, tops**. However, a week passed and I was still **waiting on** the shirt. I called the **customer service center**. They told me that deliveries **113 were backed up** because they had received so many orders. The shirt was delivered a few days later.

Another time, I ordered a pizza. It was during the lunch rush, so the food delivery app said **114 the wait** would be 60 minutes. However, it **took way longer** than that. I **was famished** when the pizza arrived. Plus, the pizza was cold **on top of** being late. I had to call and **make a complaint**.

KEY EXPRESSIONS

channel surfing 채널 돌려 보기
be right up one's alley
취향에 딱 맞다
phone in 전화를 걸다
parcel delivery service
택배 서비스
in a day or two 하루 이틀 안에
tops 넉넉히 잡아
wait on
~이 도착하기를 기다리다

customer service center
고객 서비스 센터
be backed up 밀리다
the wait 대기 시간
take way longer
훨씬 더 오래 걸리다
be famished 배가 매우 고프다
on top of ~에 더불어
make a complaint
불만을 접수하다

112 **phone in** 전화를 걸다

I phoned in and ordered one.

전화를 걸어서 하나를 주문했다.

Don't forget to phone in from time to time.

가끔 전화하는 것 잊지 마.

She phoned in to say she would be late.

그녀는 전화를 걸어 늦을 것 같다고 말했다.

113 **be backed up** 밀리다

They told me that deliveries were backed up.

그들은 주문이 밀려 있다고 말했다.

Traffic was backed up because it was a Friday evening.

금요일 저녁이라 차가 밀렸다.

We are backed up because we received so many calls.

전화를 너무 많이 받아서 밀려 있다.

114 **the wait** 대기 시간

The food delivery app said that the wait would be 60 minutes.

음식 배달 앱에 대기 시간이 60분이라고 나왔다.

The food was so good that it was worth the wait.

음식이 워낙 맛있어서 기다린 보람이 있었다.

I don't mind the wait.

나는 기다리는 것도 괜찮다.

A Did you get the coat you ordered online?

B No. It's been ten days, and I still haven't received it.

A **Keep your shirt on**. It will arrive eventually.

B **I'm just sick of** waiting. It should be here by now.

A Have you tried **tracking your order**?

> A 인터넷에서 주문한 코트 받았어?
> B 아니. 열흘이나 지났는데 아직도 못 받았어.
> A 흥분하지 말고 침착해. 언젠가는 도착하겠지.
> B 기다리는 게 지겨워. 이미 도착하고도 남았어야 하는데.
> A 주문한 거 배송 상태 추적은 해봤어?

> COMPOSITION **PRACTICE**

1 사무실에 일이 잔뜩 밀려 있었어. (be backed up)

2 편의점에서 택배 서비스를 사용하실 수 있습니다. (parcel delivery services)

3 대기 시간이 너무 길었던 것 같아. (the wait)

4 나 대신 어머니가 전화를 걸어주셨다. (phone in)

ANSWERS 1. I **was backed up** with work at the office.
2. You can use **parcel delivery services** at convenience stores.
3. I think **the wait** was too long.
4. My mom **phoned in** instead of me.

Designated Driver Service

대리운전

강의 39

Today's TOPIC

한국에는 술을 마신 운전자에게 매우 편리한 서비스가 있다. 대리운전 기사를 부르고 비용을 지불하면 된다. 음주 운전을 피할 수 있는 좋은 방법이다.

나도 어젯밤에는 술을 조금 마신 후 취기가 있어서, 운전을 할 수 있는 상태가 아니었다. 대리운전을 불러야 했는데, 주변에 기사가 없었다. 그래서 대신 스마트폰 앱을 사용했다. 앱이 내 위치를 자동으로 감지한 후 내 호출을 주변 대리 기사들에게 전송했다.

한 분의 기사분이 내 콜을 받았다. 대리 기사가 내 위치까지 오는 이동 경로를 확인할 수도 있었다. 기사가 집까지 편하게 데려다주었다. 앱에 연동된 신용 카드로 자동으로 계산도 되었다.

In Korea, there is a very convenient service for drivers who have been drinking. People can request a designated driver for a fee. It's a great way to avoid **115** driving under the influence.

Last night, I **116** was a little tipsy after a drink, and I **117** was unfit to drive. I had to call a designated driver service, but there were no drivers nearby. So, I used a smartphone app instead. The app detected my location automatically. Then, it sent my call request to designated drivers in the vicinity.

Finally, one driver accepted my request. I was able to even track the movements of the driver while he was headed to my location. The driver drove me home safely. I paid with my credit card that was linked to the app.

KEY EXPRESSIONS

convenient service 편리한 서비스
designated driver 대리 운전자
for a fee 비용을 지불하고
driving under the influence (DUI)
음주 운전
be a little tipsy 약간 취하다
be unfit to drive
운전할 상태가 아니다
detect one's location
위치를 감지하다

in the vicinity 주변에
track the movements
이동 경로를 확인하다
head to one's location
~의 위치로 향하다
drive ~ home
~을 집까지 데려다주다
pay with one's credit card
신용 카드로 결제하다

115 **driving under the influence (DUI)** 음주 운전

It's a good way to avoid driving under the influence.

음주 운전을 피할 수 있는 좋은 방법이다.

Driving under the influence is never acceptable.

음주 운전은 어떠한 경우에도 용납할 수 없다.

He was arrested for driving under the influence.

그는 음주 운전을 한 혐의로 체포되었다.

116 **be a little tipsy** 약간 취하다

Last night, I was a little tipsy.

어젯밤에는 술이 조금 취했었다.

She talks a lot when she is a little tipsy.

그녀는 술이 조금 취하면 말이 많아진다.

He only had one drink, but he was **already** a little tipsy.

그는 술을 한 잔만 했는데 이미 조금 취했다.

117 **be unfit to drive** 운전할 상태가 아니다

I was unfit to drive **last night.**

나는 어젯밤에 운전할 상태가 아니었다.

She was so tired that she was unfit to drive.

그녀는 너무나 피곤해서 운전할 상태가 아니었다.

You are unfit to drive **in such snowy conditions.**

너는 이렇게 심한 눈길에는 운전할 준비가 되어 있지 않아.

A I've only had one beer. I think I can drive.

B **Don't even think about it**. You should **never drink and drive**.

A Okay. I'll call **a designated driver service**.

B Good idea. I can do it for you if you want.

A No, that's okay. I can use this app.

> **A** 맥주 한 잔 밖에 안 마셨어. 운전할 수 있을 것 같아.
> **B** 꿈도 꾸지 마. 절대 술 마시고 운전하면 안 돼.
> **A** 알았어. 대리운전 부를게.
> **B** 좋은 생각이야. 원하면 내가 불러줄 수도 있어.
> **A** 아니야, 괜찮아. 이 앱 사용하면 돼.

COMPOSITION **PRACTICE**

1 그녀를 집까지 운전해서 데려다주기에는 너무 피곤했다. (drive ~ home)

2 그는 스스로 운전할 상태가 아니었음을 알았다. (be unfit to drive)

3 아이가 어디 있는지 위치를 항상 확인하고 싶어요. (track the movements)

4 우리는 술이 조금 취해서 많이 웃었다. (be a little tipsy)

ANSWERS 1. I was too tired to **drive her home**.
2. He knew he **was unfit to drive**.
3. I want to **track the movements** of my child throughout the day.
4. We laughed a lot because we **were a little tipsy**.

DAY
40

Valet Parking

발레 파킹

강의 **40**

Today's TOPIC

40th

일부 음식점, 술집, 백화점 등에 가면 발레 파킹을 해주는 곳들이 있다. 입구 쪽에 차를 대면, 대리 주차 표를 발급해주고 차량을 가져간다. 나올 때 요청을 하면, 차를 가져다준다. 직접 주차를 하지 않아도 되어서 시간도 크게 아낄 수 있고 매우 편리하다. 발레 파킹 비용도 매우 저렴해서 큰 부담이 되지 않는다.

호텔에도 이런 발레 파킹 서비스들이 있지만, 호텔 발레 파킹 비용은 꽤 비싼편이다. 요즘에는 공항에도 발레 파킹 서비스가 있다. 공항 터미널에 발레 파킹 구역이 있다. 비행기 탑승 시간이 촉박할 때는 매우 유용하다. 여행에서 돌아오면 차량을 받는 곳으로 가서 발레 파킹 비용과 주차 비용을 한꺼번에 정산하게 된다. 시간을 많이 아껴주기 때문에, 발레 파킹 서비스는 고객 입장에서는 매우 유용한 서비스이다.

Some places of business, like restaurants, bars, and department stores, offer valet parking services. When you pull up to the entrance, they give you a valet ticket and take away your car. Then they bring it back when you ask them to. It's a big **118** time-saver, and it's very convenient since you don't need to park the car yourself. The valet parking fee isn't expensive, so it won't **119** set you back too much.

Many hotels offer valet parking service, too. However, the prices can be a bit steep. Even airports have valet parking these days. There is a designated area for valet parking at the terminal. It's really useful when you're running late for your boarding time. When you get back from your trip, you go to the car retrieval area, and you settle the bill for the valet service and the parking fee **120** all in one go. It's a great service since it saves you a lot of time.

KEY EXPRESSIONS

place of business
영업을 하는 장소

valet parking 대리 주차
pull up to ~에 차를 대다
valet ticket 대리 주차 표
time-saver
시간을 절약해주는 것
set ~ back
~에게 비용이 들어가다
a bit steep 다소 비싼

designated area
지정 구역

run late 늦다
boarding time 탑승 시간
car retrieval area
차량 회수 구역
settle the bill
비용을 지불하다
all in one go 한꺼번에

118 **time-saver** 시간을 절약해주는 것

Valet parking is a big time-saver, and it's very convenient.

발레 파킹을 하면 시간도 절약되고 매우 편리하다.

This new app is a big time-saver.

이 새로운 앱을 사용하면 시간을 크게 절약할 수 있다.

Writing down the things I have to do is a major time-saver for me.

나는 해야 할 일들을 적어 놓으면 시간이 많이 절약된다.

119 **set you back** 비용이 들어가다

Valet parking won't set you back that much.

발레 파킹 비용은 그렇게 큰 부담이 되지 않는다.

The food is delicious, but it will set you back a bit.

음식 맛은 훌륭하지만, 가격 부담이 좀 될 것이다.

It won't set you back too much if you buy it on sale.

세일을 할 때 구입하면 부담을 줄일 수 있다.

120 **all in one go** 한꺼번에

You pay for the valet service and the parking fee all in one go.

발레 파킹 비용과 주차 비용을 한꺼번에 정산한다.

I tried to bring in the bags all in one go.

한꺼번에 가방을 모두 가지고 오려고 해봤다.

You can pay in installments if you can't afford to pay all in one go.

한꺼번에 지불할 수 없으면 할부로 내도 된다.

A Where is our car? I thought you were going to get it while I was in the bathroom.

B It will be here **in no time**.
I gave the **valet attendant** our valet ticket.

A Oh, okay. Do you mind if I wait inside until the car arrives?

B Of course not. It's pretty cold already.

A Call me when the car gets here.

> **A** 우리 차는 어디 있어? 나 화장실 갈 동안 몰고 나오는 줄 알았는데.
> **B** 금방 도착할 거야. 발레 파킹 요원한테 주차 티켓을 줬어.
> **A** 아, 알았어. 차 도착할 때까지 나는 안에서 기다려도 될까?
> **B** 그럼 그렇게 해. 벌써 꽤 춥네.
> **A** 차 도착하면 전화 줘.

COMPOSITION PRACTICE

1 가격대가 좀 높은 것 같으면 다른 상점에 가봐도 돼. (a bit steep)

2 상품권을 사용해서 전혀 비용이 들지 않았다. (set ~ back)

3 전부 다 한꺼번에 하려고 하면, 실수할 가능성이 높아. (all in one go)

4 지하철은 시간을 절약하는 데 큰 도움이 된다. (time-saver)

ANSWERS 1. If the prices are **a bit steep**, we can go to another store.
2. I used a gift certificate, so it didn't **set me back** at all.
3. If you try to do everything **all in one go**, you will probably make a mistake.
4. The subway system is a big **time-saver**.

DAY
41

Auto Repairs
자동차 수리

Today's TOPIC

41th

나는 서비스 점검을 위해 자동차를 정기적으로 정비소에 가져간다. 주로 대리점 공식 A/S 센터로 간다. 내 자동차 차종을 전문적으로 다루기 때문에 믿을 수 있다. 가장 자주 받는 서비스는 엔진 오일 교환이다. 정비사들이 타이어 공기압도 점검한다. 가끔씩 공기 필터도 교체한다. 때로는 브레이크를 재조정하기도 한다. 브레이크 패드가 마모되면 교체하기도 한다.

최근에는 외장 수리를 몇 군데 받아야 했다. 작은 접촉 사고가 나서 범퍼가 깨졌다. 앞 문에 찌그러지고 긁힌 자국도 있어서 함께 수리를 했다. 전조등도 하나가 나가서 교체해야 했다. 그 밖에 여러 잔고장 몇 개를 함께 수리 받았다.

I regularly **121** <u>take my car in to the service center</u> for check-ups. I go to the official center at the dealership. I think they are trustworthy as they specialize in my car. The most frequent service I get is an oil change. The mechanics also check the air in my tires. I get the air filters replaced every so often as well. I also get my brakes realigned from time to time. Sometimes, I replace the brake pads if they get worn out.

I recently had to **122** get some repairs done on the outside as well. I had gotten into a small fender bender and **123** cracked my bumper. There were also several dents and scratches on my front door that needed to be repaired. Plus, one of my headlights went out, so I had to get it replaced. I also got repairs for some miscellaneous problems.

KEY **EXPRESSIONS**

take one's car in to the service center
차를 정비소에 맡기다

check-up 점검
official center 공식 A/S 센터
dealership 대리점
trustworthy 믿을 수 있는
specialize in ~을 특화하다, 전문적으로 다루다
oil change 엔진 오일 교환
mechanic 정비사, 수리공
check the air in one's tire
타이어 공기압을 점검하다

get the air filters replaced
공기 필터를 교체하다

get one's brakes realigned
브레이크를 재조정하다

get worn out 마모되다
get some repairs done
수리를 받다

fender bender 접촉 사고
crack one's bumper 범퍼가 깨지다
dent 찌그러진 자국
scratch 긁힌 자국
headlight 전조등, 헤드라이트
go out (불 등이) 나가다
miscellaneous 자질구레한

121 take one's car in to the service center
차를 정비소에 맡기다

I regularly take my car in to the service center for check-ups.
나는 서비스 점검을 위해 자동차를 정기적으로 정비소에 가져간다.

I take my car in to the service center once a year.
나는 일년에 한 번은 자동차를 정비소에 맡긴다.

I had to take my car in to the service center after the accident.
나는 사고 후 자동차를 정비소에 맡겨야 했다.

122 get some repairs done 수리를 받다

I recently had to get some repairs done on the outside.
최근에는 외장 수리를 몇 군데 했어야 했다.

I spent a lot of money to get some repairs done.
몇 가지 수리를 하느라 돈이 꽤 많이 들었다.

I couldn't use my car because I was getting some repairs done.
수리 받는 중이라 자동차를 쓸 수 없었다.

123 crack one's bumper 범퍼가 깨지다

I had gotten into a small fender bender and cracked my bumper.
작은 접촉 사고가 나서 범퍼가 깨졌다.

Somebody cracked my bumper and drove away.
누군가 내 차 범퍼를 깨고 도망갔다.

Fortunately, I only cracked my bumper, and there was no more damage.
다행히 범퍼만 깨졌고 더 이상의 피해는 없었다.

DIALOGUE PRACTICE

A Why did you take a taxi? Where's your car?

B **My car is in the shop.**

A Oh, really? What happened?

B Nothing. I just needed to **get an oil change**.

A I see. When are you getting it back?

> A 왜 택시를 타고 왔어? 차는 어디 두고?
> B 차가 정비소에 있어.
> A 진짜? 무슨 일이야?
> B 별 거 아냐. 엔진 오일을 교환하려고.
> A 그렇구나. 차를 언제 다시 받아?

COMPOSITION PRACTICE

1 엄마가 차를 정비소에 맡겨 두라고 부탁했다. (take one's car in to the service center)

2 믿을 만한 친구가 있다는 것은 좋은 거야. (trustworthy)

3 수리하는 데 일주일이나 걸렸다. (get some repairs done)

4 불이 꺼져서 무서웠다. (go out)

ANSWERS 1. My mother asked me to **take her car in to the service center**.
2. It's good to have a **trustworthy** friend.
3. It took me a week to **get some repairs done**.
4. I got scared because the lights **went out**.

Postnatal Care Centers

산후조리원

강의 **42**

Today's TOPIC

42th

우리나라에는 갓 아이를 출신한 여성들을 위한 산후조리원이 있다. 이러한 조리원 시설은 산모가 출산 후 기력을 회복할 수 있도록 도와준다. 산모가 산후조리원에 머무는 기간은 보통 2주 정도 된다. 산후조리원의 목적은 산모가 긴 임신 기간 이후, 충분히 회복할 수 있도록 돕는 것이다. 산모들은 에너지를 회복할 수 있도록 영양가가 높은 식사를 제공 받는다.

조리원에는 기본적인 신생아 육아 교육이나 마사지 등의 서비스도 있다. 조리원에서 일하는 사람들은 매우 친절하고 정성을 다한다. 그러나 이러한 산후조리원 요금은 천차만별이다. 일부 조리원은 비용이 만만치 않은 곳들도 있다. 그래서 미리 자세히 알아보고, 본인에게 맞는 곳을 정하는 것이 중요하다.

In Korea, there are postnatal care centers for women who have just had a baby. These facilities help mothers **124** recuperate after childbirth. The duration of stay at these postnatal care centers is usually about two weeks. The whole point of these centers is to help mothers **125** get back on their feet after their long pregnancy. The mother is given nutritious meals to regain her energy.

There are also services like basic infant-care education or massages. The staff is very friendly and caring. The service fees for these places vary quite a bit. Some places **126** come with a hefty price tag. So, it is important to do your homework and pick the right one for you.

KEY **EXPRESSIONS**

postnatal care center 산후조리원
have a baby 아이를 낳다
recuperate 기력을 회복하다
childbirth 출산
duration of stay 체류기간, 머무는 시간
the whole point of 주요 목적
get back on one's feet
기력을 회복하다, 재기하다
pregnancy 임신 기간
nutritious meal 영양가 높은 식사

regain energy 에너지를 회복하다
basic infant-care education
기본적인 신생아 육아 교육
friendly 친절한
caring 정성을 다하는, 세심한
come with a hefty price tag
가격대가 부담스러울 만큼 높다
vary quite a bit 천차만별이다
do one's homework 사전에 잘 알아보다
pick the right one 맞는 것을 고르다

124 **recuperate** 기력을 회복하다

These facilities help mothers recuperate after childbirth.
조리원 시설은 산모가 출산 후 기력을 회복할 수 있도록 도와준다.

It took me a long time to recuperate after childbirth.
아이 낳고 회복하는 데에는 긴 시간이 걸렸다.

She is recuperating at home.
그녀는 집에서 기력 회복 중이다.

125 **get back on one's feet** 기력을 회복하다, 재기하다

These centers help mothers get back on their feet.
산후조리원은 산모가 충분히 회복할 수 있도록 돕는다.

I started to work out to get back on my feet.
나는 회복을 위해 운동을 시작했다.

Finally, he was able to get back on his feet.
그는 드디어 회복할 수 있었다.

126 **come with a hefty price tag** 가격대가 매우 높다

These services can come with a hefty price tag.
이러한 서비스의 비용이 만만치 않을 수도 있다.

Designer brands come with a hefty price tag.
명품 디자이너 브랜드는 매우 비싸다.

The dress was very pretty, but it came with a hefty price tag.
드레스는 정말 예뻤지만, 가격대가 정말 높았다.

A **My sister had twins** last week.

B Oh, **good for her**! Congratulations.

A Yeah, I can't believe she's a mother now.

B How is she doing?

A She's recovering quite well at a **postnatal care center**.

> **A** 내 여동생이 지난주에 쌍둥이를 낳았어.
> **B** 와, 잘됐다! 축하해.
> **A** 그러게. 그 애가 이제 엄마라니 믿어지지 않아.
> **B** 동생 몸은 어때?
> **A** 산후조리원에서 잘 회복하고 있어.

COMPOSITION PRACTICE

1 남편하고 나는 최대한 빨리 아이를 갖고 싶다. (have a baby)

2 여독을 푸는 데 일주일이 꼬박 걸렸다. (recuperate)

3 그는 젊어서 금방 회복했다. (get back on one's feet)

4 서비스는 만족스러웠지만 가격이 매우 비쌌다. (come with a hefty price tag)

ANSWERS 1. My husband and I want to **have a baby** as soon as possible.
2. It took me a full week to **recuperate** after the trip.
3. He **got back on his feet** soon because he was young.
4. The service was satisfactory, but it **came with a hefty price tag**.

ELECTRONICS

가전 기기 ━━━━━━

RELATED QUESTIONS
주제별 스피치 향상을 위한 질문 모음

Try to answer the questions based on each topic.

DAY 43   TOPIC   냉장고
1   What are some usual things that you use your refrigerator for?
2   How is a kimchi refrigerator different from an ordinary refrigerator?
3   What are some other useful appliances you have at home?

DAY 44   TOPIC   세탁기
1   Describe the process of doing the laundry.
2   Share some tips for cleaning stubborn stains on laundry.
3   Pick a useful appliance at home and describe how you use it. What makes it so useful?

DAY 45   TOPIC   건조기
1   What are some useful features of clothes dryers?
2   Describe how to prevent damaging delicate clothes in a dryer.
3   Talk about stories of you have heard about other people related to their dryers.

DAY 46   TOPIC   식기세척기
1   Why do you think dishwashers are becoming more common?
2   What are some other useful appliances people have at home?
3   If you could invent a new home appliance, what would it be?

DAY 47 `TOPIC` 전자레인지

1 What are some foods you can cook in a microwave?
2 Do you use the microwave for anything other than food?
3 Describe some other convenient kitchen appliances that you use.

DAY 48 `TOPIC` 밥솥

1 What kind of functions does your rice cooker have?
2 How often do you use your rice cooker?
3 What other kinds of foods have you cooked in your rice cooker?

DAY 49 `TOPIC` 진공청소기

1 What are the advantages and drawbacks of robot vacuum cleaners?
2 Why do you think cordless vacuum cleaners are so popular?
3 What are some other appliances that make life more convenient?

DAY 50 `TOPIC` 커피 머신

1 Do you make your own coffee? Why or why not?
2 Share some tips for making delicious coffee.
3 What are some other convenient appliances you have in your kitchen?

DAY
43

Refrigerator
냉장고

강의 **43**

Today's TOPIC

43th

우리 집에는 냉장고가 두 개 있다. 하나는 양쪽으로 열리는 일반적인 냉장고이다. 냉장고 문 중간에 따로 열게 되어 있는 공간이 있다. 자주 꺼내는 것들을 거기에 두어서 손이 잘 닿게 했다. 냉장고 문에는 온도를 조절하는 스위치도 달려 있다. 더불어 한쪽 문에 얼음이 나오는 구멍도 있다. 최신 모델이라 기능이 많아서 마음에 든다. 가격은 제법 비싼 제품이다.

또 하나의 냉장고는 다용도실에 있는 김치 냉장고이다. 여기에는 주로 김치를 넣어둔다. 두 개의 부분으로 나눠져 있는데, 한 쪽에는 다양한 김치를 보관하고, 다른 쪽에는 과일, 야채 등의 신선 제품을 넣는다. 김치의 맛을 더욱 좋게 해주고, 식재료의 신선도를 유지해주는 역할을 해서 매우 유용하다.

We have two refrigerators at home. One is a **127** <u>run-of-the-mill</u> refrigerator that opens **on each side**. There is a space inside the refrigerator door that has an opening **all to itself**. That's where I keep things I need most often because I want them **within easy reach**. Also, on the refrigerator door, there is a switch to **regulate the temperature**. There is also an **ice dispenser** on one of the doors. It's **128** <u>the latest model</u>, so I like the various **features**. I had to **129** <u>pay top dollar</u> for it.

There is another refrigerator in the **utility room**. It's a *kimchi* refrigerator, and I mostly **keep** *kimchi* **tucked away** in it. It has two **compartments**. One is for various types of *kimchi*, and the other is for **fresh produce** like fruits and veggies. It really **makes itself useful**, because it **brings out the flavors of** *kimchi* and keeps ingredients fresh.

KEY **EXPRESSIONS**

run-of-the-mill 평범한
on each side 양 옆으로
all to oneself 혼자 독차지하는
within easy reach 꺼내 들기 쉬운 곳에
regulate the temperature
온도를 제어하다
ice dispenser 제빙기
the latest model 최신 모델
feature 기능, 사항

pay top dollar 많은 비용을 지불하다
utility room 다용도실
keep ~ tucked away
~을 넣어두고 보관하다
compartment 구간
fresh produce 신선한 농산물
make itself useful 유용하다
bring out the flavors of
~의 맛을 이끌어내다

127 run-of-the-mill 평범한

We have a run-of-the-mill **refrigerator at home.**

우리 집에는 평범한 냉장고가 있다.

I usually have lunch at a run-of-the-mill **restaurant near my office.**

점심은 보통 회사 주변의 평범한 음식점에서 먹는다.

It looks like a run-of-the-mill **car, but it's quite fast.**

평범해 보이는 자동차지만, 사실 제법 빠르다.

128 the latest model 최신 모델

It's the latest model, **so I like the various features.**

최신 모델이라 기능들이 많아서 마음에 든다.

My mom only makes calls and sends texts, so she doesn't need the latest model.

어머니는 통화를 하고 문자만 보내기 때문에 최신 모델은 필요 없으시다.

Before buying headphones, I researched the latest models **online.**

헤드폰을 사기 전에 인터넷으로 최신 모델들을 알아봤다.

129 pay top dollar 많은 비용을 지불하다

I had to pay top dollar **for the refrigerator.**

냉장고를 구입하기 위해 많은 비용을 지불해야 했다.

If you pay top dollar, **you can stay at a nicer hotel.**

많은 비용을 지불하면 더 좋은 호텔에 묵을 수 있다.

I had to pay top dollar **for the concert tickets.**

콘서트 표를 비싼 가격에 구입해야 했다.

A Didn't you say your refrigerator **was not working**? Have you fixed it?

B Not yet. A person from the **service center** is coming today.

A That must be really **inconvenient** for you.

B Yeah, the food in the **freezer** started to melt.

A Oh, no! I hope other food items didn't **go bad** yet.

> **A** 냉장고가 고장 났다고 하지 않았어? 고쳤니?
> **B** 아직이야. 오늘 A/S 센터에서 사람이 오기로 했어.
> **A** 그것 참 불편하겠네.
> **B** 냉동실에 음식들이 녹기 시작했어.
> **A** 아이고! 다른 식품들이 아직 안 상했으면 좋겠다.

COMPOSITION PRACTICE

1 최신 모델은 기존 모델에 비해 어떤 점이 좋아? (the latest model)

2 이 소스를 뿌리면 평범한 음식도 아주 맛있어진다. (run-of-the-mill)

3 아이들을 위해서라면 높은 비용이라도 기꺼이 지불한다. (pay top dollar)

4 가족들이 여행 중이라 집을 혼자 독차지하고 있다. (all to oneself)

ANSWERS 1. How is **the latest model** better than the older one?
2. This sauce can make **run-of-the-mill** food taste delicious.
3. I don't mind **paying top dollar** for my kids.
4. My family is traveling, so I have the house **all to myself**.

Washing Machine

세탁기

강의 44

Today's TOPIC

44th

세탁기는 우리가 빨래를 쉽게 하게 해주는 기계이다. 빨래가 가장 손이 많이 가는 집안일 중의 하나라는 점을 감안하면, 세탁기는 정말 필수 가전이라고 할 수 있다.

더군다나 최신 제품들은 최신 기술들이 접목되어 더욱 좋아졌다. 신형 세탁기들은 다양한 기능을 장착하고 있다. 빨래의 양에 따라서 물이나 세제의 양을 조절할 수 있게 되어 있다. 더불어 빨래의 종류에 따라서 물의 온도와 세탁 방식도 다양하게 설정할 수 있다. 빨래를 몇 번 헹굴지도 다르게 설정할 수 있고, 세탁 시간과 강도도 정할 수 있다. 빨래를 미리 물에 불리고 나서 세탁을 할 수도 있다.

이처럼 다양한 기능들은 옷이 손상되지 않고, 더 깨끗하게 빨래가 될 수 있게 도와준다.

 **SPEECH** PRACTICE

음원 **44-1**

Washing machines are **home appliances** that make it easy to **do the laundry**. Doing the laundry is a `130` **high-maintenance household chore**. This makes washing machines a **must-have** appliance.

Moreover, the newest products these days are even better, using `131` **the latest technology**. New washing machines have lots of functions. They can **adjust** the amount of water or **laundry detergent** depending on the amount of laundry. You can also use settings for the water temperature and `132` **wash cycle** depending on **the type of clothing**. You can set the number of **rinse cycles**, as well as the length and intensity of the **spin cycle**. You can also **pre-wash** your laundry by **soaking it in water** first.

These various functions give you cleaner clothes without **damaging the material**.

KEY	EXPRESSIONS

home appliances 생활 가전
do the laundry 빨래를 하다
high-maintenance
손이 많이 가는
household chore 집안일
must-have 반드시 필요한
the latest technology
최신 기술
adjust 조절하다
laundry detergent 빨래 세제

wash cycle 세탁 코스
the type of clothing 의상 종류
rinse cycle 헹굼
spin cycle 탈수
pre-wash 애벌 세탁을 하다
soak ~ in water
~을 물에 불리다
damage the material
옷감을 손상시키다

130 **high-maintenance** 손이 많이 가는

Doing the laundry is a high-maintenance household chore.

빨래는 손이 많이 가는 집안일 중의 하나다.

The equipment is very high-maintenance.

이 장비는 아주 손이 많이 간다.

I like my car because it's not too high-maintenance.

내 자동차는 유지 관리가 쉬운 편이라 마음에 든다.

131 **the latest technology** 최신 기술

The newest products are even better, using the latest technology.

최신 제품들은 최신 기술들이 접목되어 더욱 좋아졌다.

It's harder to understand the latest technology.

최신 기술들은 이해하기가 점점 힘들다.

You can experience a lot of the latest technology in Korea.

한국에서는 여러 가지 최신 기술을 체험할 수 있다.

132 **wash cycle** 세탁 코스

You can use different wash cycles depending on the type of clothing

빨래의 종류에 따라서 세탁 방식을 다양하게 사용할 수 있다.

I used the wrong wash cycle.

세탁 코스를 잘못 선택했다.

Which wash cycle do you use for delicate clothes?

넌 섬세 의류는 어떤 세탁 코스를 사용하니?

A Where do you keep the washing machine in your house?

B We keep it in the **utility room** next to the kitchen.
What about you?

A Oh, we keep ours in the bathroom.

B In the bathroom? Doesn't it **take up a lot of room**?

A We have a lot of stuff in our utility room, so we **had no choice**.

> **A** 너희 집에는 세탁기가 어디에 있니?
> **B** 우리는 부엌 바로 옆에 다용도실에 있어. 너희 집은?
> **A** 아, 우리는 화장실에 있어.
> **B** 화장실에? 화장실에 자리를 많이 차지하지 않아?
> **A** 다용도실에 물건들이 많아서 어쩔 수 없이 화장실에 놨어.

COMPOSITION **PRACTICE**

1 그는 좋은 친구지만, 신경을 좀 써야 하기는 해. (high-maintenance)

2 이 휴대폰에는 최신 기술이 전부 다 들어가 있어. (the latest technology)

3 난 어느 세탁 코스를 사용해야 할지 모르겠어. (wash cycle)

4 나는 노트북이 공간을 별로 차지하지 않아서 마음에 들어. (take up a lot of room)

ANSWERS 1. He is a good friend, but he is a bit **high-maintenance**.
2. This phone has all **the latest technology**.
3. I don't know which **wash cycle** to use.
4. I like my laptop because it doesn't **take up a lot of room**.

Clothes Dryer
건조기

Today's TOPIC

45th

한국에서 빨래를 주로 빨래 건조대나 빨래줄에 널어서 말리는 것이 일반적이다. 사실 대부분의 가정에서 이렇게 빨래를 말린다. 그러나 최근 몇 년 사이 건조기를 구입하는 가정이 제법 많이 늘고 있다.

건조기는 빨래를 널어 말리는 번거로움을 덜어주기 때문에, 빨래 시간이 훨씬 줄어든다. 빨래 건조대를 설치할 필요가 없어서, 집 미관에도 도움이 된다. 뿐만 아니라, 습한 장마철에 빨래에서 냄새가 날까봐 걱정할 필요가 없다.

이러한 편리함 탓에, 최근 회전식 건조기 판매가 급증하고 있다. TV 광고에서도 건조기 광고를 매우 흔하게 볼 수 있다. 최신 제품들 중에는 세탁기와 일체형으로 나오는 건조기들이 인기를 끌고 있다.

It is common in Korea to dry the laundry on a **laundry rack** or a clothesline. In fact, this is how it is done in most **households**. But in **the past few years**, more and more **households** have been buying **clothes dryers**.

Clothes dryers 133 <u>save the trouble of</u> hanging out the laundry to dry. This is a **big time-saver**. You don't need to set up a **laundry rack**, so it helps 134 <u>improve the ambience</u> inside a home. You also don't need to **fret over** a 135 <u>funky smell</u> from your clothes during the humid **rainy season**.

Because of this convenience, **tumble dryers** are **selling like hotcakes** these days. You can even see a lot of **TV commercials** for them. The most popular among newer products are **washer-dryer combos**.

KEY EXPRESSIONS

laundry rack 빨래 건조대
household 가정, 세대
the past few years 지난 몇 년
clothes dryer 빨래 건조기
save the trouble of
~하는 수고를 덜다
big time-saver
시간을 많이 절약해주는 것
improve the ambience
분위기/미관을 개선하다

fret over 걱정하다, 고민하다
funky smell 불쾌한 냄새, 악취
rainy season 장마철
tumble dryer 회전식 건조기
sell like hotcakes
매우 잘 팔리다
TV commercial 텔레비전 광고
washer-dryer combo
일체형 세탁 건조기

133 **save the trouble of** ~하는 수고를 덜어주다

Clothes dryers save the trouble of hanging out the laundry to dry.

건조기는 빨래를 널어 말려야 하는 번거로움을 덜어준다.

Using this software saves the trouble of doing it by hand.

이 소프트웨어를 사용하면 수작업으로 하는 수고를 덜어준다.

Taking public transportation saves the trouble of parking.

대중교통을 이용하면 주차하는 번거로움을 안 겪어도 된다.

134 **improve the ambience** 분위기/미관을 개선하다

It helps improve the ambience inside a home.

집 내부 미관에도 도움이 된다.

To improve the ambience, we tried moving the furniture.

분위기를 개선하기 위해 가구를 옮겨봤다.

Turning on some music really improved the ambience.

음악을 틀었더니 분위기가 훨씬 좋아졌다.

135 **funky smell** 불쾌한 냄새, 악취

You don't need to worry about a funky smell from your laundry.

빨래에서 냄새가 날까봐 걱정할 필요가 없다.

This dish has a funky smell, but I like it.

이 음식은 조금 이상한 냄새가 나지만, 나는 그걸 좋아한다.

My shoes had a funky smell.

내 신발에서 불쾌한 냄새가 났다.

DIALOGUE PRACTICE

A We bought a **clothes dryer**.

B Really? I've been seeing a lot of ads for them on TV lately.

A Yeah. Our washing machine was almost 10 years old.
The time had come to **replace it**.

B I see.

A So we **switched to** a **washer-dryer combo**.
It was a bit **on the pricey side though**.

> **A** 우리 집에 건조기 샀다.
> **B** 정말? 요즘 TV에 광고 많이 나오던데.
> **A** 맞아. 쓰던 세탁기가 10년이 다 되어서 바꿀 때가 됐었거든.
> **B** 그랬구나.
> **A** 그래서 아예 세탁기하고 건조기 일체형 제품으로 교체했어. 근데 가격은 제법 비싼 편이었어.

COMPOSITION PRACTICE

1 인터넷으로 주문을 하면 실제 상점에 가는 수고를 덜 수 있다. (save the trouble of)

2 집안을 꼼꼼하게 청소하기만 해도 미관을 개선할 수 있다.
(improve the ambience)

3 냉장고에서 심한 악취가 나고 있어. (funky smell)

4 음식이 꽤 맛있긴 한데, 가격이 비싼 편이야. (on the pricey side)

ANSWERS 1. By ordering online, you can **save the trouble of** going to an actual store.
2. Simply cleaning your home thoroughly can **improve the ambience**.
3. There is a **funky smell** coming from the refrigerator.
4. The food is pretty good, but it's **on the pricey side**.

Dishwasher

식기세척기

강의 **46**

Today's TOPIC

식기세척기, 건조기, 음식물 처리기는 주부에게 꼭 필요한 세 가지 기기라는 말을 들은 적이 있다. 최근 들어 나는 식기세척기를 처음으로 사용하게 되었고, 아예 새로운 세상을 만난 기분이 들었다.

우리나라는 기본적으로 반찬의 종류가 많아서 그릇을 많이 사용하게 된다. 거기에 아이들 간식까지 챙기다 보면, 싱크대에 쌓여 있는 그릇의 양이 어마어마하다. 식기세척기를 사용하니, 무엇보다 시간도 절약되고, 물도 절약이 된다.

이전에는 손님이 집에 왔다 갔을 경우, 설거지를 누가할지 남편이랑 다투기도 했다. 주로 게임을 해서 지는 사람이 설거지를 하곤 했었다. 그러나 지금은 식기세척기가 있어서 설거지 부담이 많이 줄었다.

I once heard someone say that a dishwasher, a dryer, and a **garbage disposal unit** are the 3 **must-haves** for a **homemaker**. I recently began using a dishwasher for the first time. It has been 136 **life changing**.

Korean meals include a lot of side dishes **as standard**, so we use a lot of dishes. With snacks for the kids as well, dishes really 137 **pile up** in the sink. Using a dishwasher is a **big time-saver**, and it also uses less water.

When guests **came over** in the past, my husband and I would 138 **bicker over** who would do the dishes. We usually played a game, and the loser would have to do them. But nowadays, washing the dishes isn't such a **burden** thanks to the dishwasher.

KEY	EXPRESSIONS

garbage disposal unit
음식물 처리기

must-have
필수품

homemaker
주부

life changing
인생을 바꿔 놓는

as standard
기본으로

pile up
쌓이다, 밀리다

big time-saver
시간을 크게 절약해주는 것

come over
방문하다

bicker over
~에 대해 티격태격 다투다

burden 부담

136 **life changing** 인생을 바꿔 놓는

It has been life changing.
새로운 세상을 만난 기분이 들었다.

Reading that book as a teenager was life changing.
10대 때 그 책을 읽어서 내 인생에 큰 변화가 있었다.

Traveling alone has been a life changing experience for me.
혼자서 여행을 다니는 것이 내 삶에 큰 변화를 가져다주었다.

137 **pile up** 쌓이다, 밀리다

Dishes really pile up in the sink.
싱크대에 쌓여 있는 그릇의 양이 어마어마하다.

Your work will pile up if you keep putting it off.
그렇게 일을 미루기만 하면 계속 밀리게 될 것이다.

I buy books often, and they have piled up on my desk.
나는 책을 자주 구입해서, 책상에 잔뜩 쌓여 있다.

138 **bicker over** ~에 대해 티격태격 다투다

My husband and I bicker over who should do the dishes.
설거지를 누가 할지 남편이랑 다투기도 한다.

Why do you bicker over such small things?
너희는 왜 그렇게 중요하지도 않은 일로 티격태격 다투니?

They bickered over who should pay for dinner.
그들은 누가 저녁값을 낼지 서로 티격태격 다퉜다.

A Do you have a dishwasher at home?

B No, we don't have one. Do you?

A I **took the plunge** and bought one recently, and it's great.

B Yeah? It must save the time it takes to **do the dishes**.

A It does! All I have to do is **soak the dishes in water** and put them in the machine.

> A 집에 식기세척기 쓰니?
> B 아니, 우리 집에는 없어. 너는 집에 있어?
> A 나 최근에 큰 마음먹고 하나 구입했는데, 너무 좋아.
> B 정말? 설거지 시간이 많이 줄지?
> A 맞아. 그릇들을 물에 담가 놓았다가, 기계에 넣기만 하면 돼.

COMPOSITION **PRACTICE**

1 그 여행은 나에게 인생을 크게 바꾸어준 경험이었다. (life-changing)

2 내가 휴가를 간 사이에 이메일이 수백 통이 와 있었다. (pile up)

3 나는 누나들과 모든 일로 싸우곤 했다. (bicker over)

4 그걸 씻기 전에 물에 담가 놓는 것이 좋겠어. (soak ~ in water)

ANSWERS 1. The trip was a **life-changing** experience for me.
2. Hundreds of e-mails had **piled up** while I was on vacation.
3. My sisters and I used to **bicker over** everything.
4. You should **soak it in water** before you wash it.

DAY
47

Microwave

전자레인지

강의 **47**

Today's TOPIC

47th

전자레인지는 거의 매일 사용하는 필수 가전이다. 요즘은 즉석 음식을 많이 먹는 시대이니, 전자레인지 없이 살기는 몹시 불편하다.

밥솥에 밥을 해놓으면 보통 남는 경우가 많다. 그래서 나는 즉석밥을 여러 개사다 놓고, 하나씩 전자레인지에 데워서 먹는다. 속이 안 좋을 때는 즉석 죽을 전자레인지에 데워서 먹기도 한다.

더불어 남은 음식을 냉장고에 넣어두는 경우가 많아서, 나중에 먹을 때, 전자레인지에 데워서 먹는다. 배달 시켜 먹은 피자나 치킨 같은 것이 남으면 냉장고에 넣어둔다. 그러면 먹고 싶을 때 언제든지 데워 먹을 수 있다. 또한 너무 차게 먹는 것을 좋아하지 않아서, 우유를 조금 데워서 먹는 경우도 있다.

The **microwave** is an **indispensable appliance** that I use almost **139** **on a daily basis**. People eat a lot of **instant foods** these days, so living without a **microwave** is very inconvenient.

When I make rice in a **rice cooker**, usually there are **140** **leftovers**. So instead, I buy **large quantities of instant rice** and heat them in the microwave **one at a time**. When I **141** **have an upset stomach**, I also **heat up instant porridge** in the microwave.

Also, I usually keep **leftover food** in the refrigerator, so I **reheat** it in the microwave when I eat it later. When I **order delivery** and I have leftover pizza or chicken, I keep it in the refrigerator. Then, I can heat it up whenever **the mood strikes me**. Also, I don't like drinking milk when it's too cold, so I sometimes heat it up before I drink it.

KEY	EXPRESSIONS

microwave
전자레인지

indispensable appliance
필수 가전제품

on a daily basis 매일같이
instant food 즉석 식품
rice cooker 밥솥
leftovers / leftover food 남은 음식
large quantities of 다량의
instant rice 즉석 밥

one at a time 하나씩
have an upset stomach
속이 불편하다

heat up 데우다
instant porridge 즉석 죽
reheat (식은 ~을) 데우다
order delivery
배달 음식을 주문하다

the mood strikes someone
불현듯 내키다

139 on a daily basis 매일같이

I use the microwave on a daily basis.

나는 전자레인지를 매일같이 사용한다.

We don't meet often, but we call each other on a daily basis.

우린 자주 만나지는 않지만 매일같이 서로 전화를 한다.

We had meetings on a daily basis until the project was completed.

프로젝트가 완성될 때까지 우린 매일 회의를 했다.

140 leftovers / leftover food 남은 음식

When I cook rice, usually there are leftovers.

밥을 지으면 보통은 남는다.

We ordered too much food, so there were leftovers.

음식을 너무 많이 주문해서 남았다.

She cooked a stew using leftover food.

그녀는 남은 음식으로 찌개를 끓였다.

141 have an upset stomach 속이 불편하다

When I have an upset stomach, I eat porridge.

속이 불편하면 죽을 먹는다.

I had an upset stomach after eating some raw oysters.

생굴을 먹고 배탈이 났다.

I was late for work because I had an upset stomach.

속이 불편해서 회사에 지각을 했다.

A When are we having dinner? I'm **starving**.

B I still have to **cook the rice**.

A I can't wait that long. I **skipped lunch today**.

B Okay then. We can just heat some **instant rice in the microwave**.

A That works for me.

> **A** 저녁은 언제 먹는 거야? 나 정말 배고파.
> **B** 아직 밥을 해야 돼.
> **A** 그렇게 오래 못 기다려. 오늘은 점심도 못 먹었어.
> **B** 그럼 전자레인지에 즉석 밥 데우자.
> **A** 난 좋아.

COMPOSITION **PRACTICE**

1 한국 사람들은 밥을 매일 먹는다. (on a daily basis)

2 배탈이 나서 토할 것 같았어. (have an upset stomach)

3 파티하고 남은 음식이 제법 많아. (leftovers)

4 요즘은 즉석 식품이 더 보편화되었다. (instant food)

ANSWERS 1. Korean people eat rice **on a daily basis**.
2. I **had an upset stomach** and felt like throwing up.
3. There are a lot of **leftovers** from the party.
4. **Instant food** has become more common these days.

Rice Cooker

밥솥

강의 **48**

Today's TOPIC

48th

한국인들은 식사를 할 때 쌀밥을 하루도 빠짐없이 먹는다. 대부분의 가정에는 밥솥이 있다. 쌀을 씻어서 밥솥에 앉히고 취사 버튼을 누르기만 하면 된다. 밥을 하는 데 보통 아무리 길어도 30분 밖에 걸리지 않는다. 그리고 밥솥을 보온 상태로 놓으면, 안에 있는 밥이 따뜻하게 유지된다.

한편 밥솥은 요즘 단순히 밥만 하는 기계가 아니다. 다양한 부가 기능들이 있다. 계란이나 옥수수와 같은 온갖 음식을 밥솥에 할 수도 있다. 또 다른 유용한 기능 중의 하나는 바로 사전 타이머이다. 아침에 밥솥이 자동적으로 밥을 하게 할 수도 있다. 자기 전에 타이머만 눌러 놓으면 된다.

Koreans eat **steamed rice** 142 **every single day** when they have meals. Most **households** have a **rice cooker**. You just have to wash the rice, set it in the rice cooker, and **press the cook button**. Normally, it 143 **takes 30 minutes max** for the machine to cook rice. It also keeps the rice in it warm as long as you have it on.

Meanwhile, rice cookers do a lot more than just cook rice these days. They **come with various functions**. You can cook 144 **all sorts of stuff**, such as eggs or corn in them. Another useful function is the **pre-set timer**. You can make it cook rice automatically in the morning. You just have to **set the timer** before you **go to sleep**.

KEY	EXPRESSIONS

steamed rice 쌀밥
every single day
하루도 빠짐없이
household 가정
rice cooker 밥솥
press the cook button
취사 버튼을 누르다
take 30 minutes max

아무리 길어야 30분이 소요되다
come with various functions
다양한 기능을 가지고 있다
all sorts of stuff
온갖 종류의 것들
pre-set timer 사전 타이머
set the timer 타이머를 맞추다
go to sleep 자러 가다

142 **every single day** 하루도 빠짐없이

Koreans eat steamed rice every single day.
한국인들은 하루도 빠짐없이 쌀밥을 먹는다.

I clean the house every single day.
나는 집을 하루도 빠짐없이 청소한다.

I make my children drink milk every single day.
나는 아이들에게 하루도 빠짐없이 우유를 먹게 한다.

143 **take 30 minutes max** 아무리 길어야 30분이 소요되다

It takes 30 minutes max to cook rice.
밥을 하는 데 아무리 길어도 30분이면 된다.

It takes 30 minutes max to get there by car.
차로 가면 아무리 길어야 30분이면 거기에 갈 수 있다.

It takes 30 minutes max to walk there.
거기 걸어가면 아무리 길어야 30분이면 갈 수 있다.

144 **all sorts of stuff** 온갖 종류의 것들

You can cook all sorts of stuff, such as eggs, in them.
그 안에 계란과 같은 온갖 종류의 것들을 조리할 수 있다.

I bought all sorts of stuff at the grocery store.
우리는 식료품점에서 온갖 종류의 것들을 샀다.

There were all sorts of stuff that were on sale.
온갖 종류의 제품들이 세일 중이었다.

A The rice cooker **isn't working properly**.

B Really? What is wrong with it?

A I'm not sure. I think I need to **take it in for repairs**.

B Let me take a look at it first.

A I already tried everything. I think there is a connection problem.

> **A** 밥솥이 잘 안 돼.
> **B** 정말? 뭐가 문제지?
> **A** 잘 모르겠어. 수리 맡기러 가야 할 것 같아.
> **B** 내가 먼저 한번 볼게.
> **A** 내가 다 해봤어. 뭔가 연결 문제가 있는 것 같아.

COMPOSITION **PRACTICE**

1 우리는 하루도 빠짐없이 얼굴을 봤어. (every single day)

2 아무리 오래 걸려도 30분이면 돼. (take 30 minutes max)

3 우리는 벼룩시장에서 온갖 종류의 물건들을 샀어. (all sorts of stuff)

4 나 대신 타이머 좀 맞춰줄래? (set the timer)

ANSWERS
1. We used to see each other **every single day**.
2. It will **take 30 minutes max**.
3. We bought **all sorts of stuff** at the flea market.
4. Can you **set the timer** for me?

Vacuum Cleaner

진공청소기

Today's TOPIC

49th

나는 집안 바닥을 일주일에 두 번 정도 청소한다. 일단 진공청소기를 돌려서 먼지를 제거한다. 그리고 나서는 막대가 달린 물걸레로 바닥을 닦아낸다.

예전에는 빗자루로 바닥을 쓸던 시절이 있었다. 그러나 지금은 바닥 청소를 진공청소기를 이용해서 한다. 아주 쉽게 먼지를 빨아들여서 청소가 아주 간편하게 끝난다. 더불어 요즘에는 무선 청소기들이 나와서, 청소를 할 때 선을 꽂을 필요가 없다. 선이 엉키거나 꼬이지 않아서 훨씬 편리하다.

더 편리한 것은 로봇 청소기다. 여러 센서들과 인공 지능을 탑재하고 있어서 자기가 알아서 돌아다니며 바닥 청소를 한다. 이러한 청소기들은 정말 기술의 비약적 발전의 한 예라고 볼 수 있다.

I clean the floors in our house about **twice a week**.
First, I **run the vacuum** to **get rid of dust**. Then, I use a **mop**
to **wipe the floor**.

A long time ago, we used to **sweep the floors** with a broom.
But now, we use vacuum cleaners to clean the floors.
They **suck up dust** very easily, so cleaning is a **breeze**.
Plus, there are **wireless vacuum cleaners** these days.
We don't have to **145** **plug them in**. The wires don't
146 **get tangled up**, so they are much more convenient.

Even better, there are **robotic vacuum cleaners**.
They are **equipped with** sensors and **AI**, so they can clean
the floors themselves. They show that technology
147 **has come a long way**.

KEY EXPRESSIONS

twice a week 일주일에 두 번
run the vacuum
진공청소기를 돌리다
get rid of dust 먼지를 제거하다
mop 막대가 달린 물걸레
wipe the floor
바닥을 닦아내다
sweep the floors 바닥을 쓸다
suck up dust 먼지를 빨아들이다
breeze 매우 쉬운 일

wireless vacuum cleaner 무선 청소기
plug in 전선을 꽂다
get tangled up 뒤엉키다
robotic vacuum cleaner
로봇 청소기
equipped with ~이 구비된
AI (artificial technology)
인공 지능
have come a long way 크게 발전하다

145 **plug in** 전선을 꽂다, 연결하다

We don't have to plug in wireless vacuum cleaners.

무선 진공청소기는 선을 꽂을 필요가 없다.

I forgot to plug my phone in last night.

어젯밤에 휴대폰 전선을 꽂는 것을 잊어버렸다.

I plug my laptop in when I have to work for a long time.

오랫동안 작업을 해야 할 때는 노트북 전선을 꽂는다.

146 **get tangled up** 뒤엉키다

The wires don't get tangled up, so they are much more convenient.

선이 엉키거나 꼬이지 않아서 훨씬 편리하다.

My earphones always get tangled up in my bag.

가방 안에서 이어폰이 항상 뒤엉켜 꼬인다.

My hair sometimes gets tangled up in the morning.

때로는 아침에 머리카락이 뒤엉킨다.

147 **have come a long way** 크게 발전하다

They show that technology has come a long way.

기술의 비약적 발전의 한 예라고 볼 수 있다.

Smartphones have come a long way in a short time.

스마트폰은 단시간에 크게 발전했다.

Their products have come a long way.

그들의 제품들은 비약적 발전을 이루었다.

A Hey, what's this machine on the floor? Is it a **humidifier**?

B No, it's my new **robotic vacuum cleaner**. **It's a game-changer**.

A Really? So it **cleans the floor automatically**?

B Yes, it cleans every day **while I'm away**.

A Wow! That's cool. I guess the floor never gets dirty.

> **A** 바닥에 이 기계는 뭐야? 가습기야?
> **B** 아니. 새로 마련한 로봇 청소기야. 정말 혁신적인 물건이야.
> **A** 진짜? 그럼 자동으로 바닥 청소를 하는 거야?
> **B** 응. 내가 외출하는 동안 매일 청소를 해줘.
> **A** 우왜! 멋지다. 바닥이 더러워질 틈이 없겠어.

COMPOSITION **PRACTICE**

1 진공청소기를 이용하면 바닥 청소가 쉽다. (breeze)

2 선이 엉키지 않으니까 더 편하다. (get tangled up)

3 그냥 전선을 꽂는 것을 잊은 것이었다. (plug ~ in)

4 10년 전에 비해 한국의 커피숍들은 크게 발전했다. (come a long way)

ANSWERS
1. Cleaning the floors is a **breeze** if I use the vacuum.
2. It's more convenient because the wires do not **get tangled up**.
3. I just forgot to **plug it in**.
4. Compared to ten years ago, coffee shops in Korea have **come a long way**.

Coffee Machine

커피 머신

Today's TOPIC

50th

집에서 직접 커피를 만들어 먹는 문화가 한국에 정착되면서 다양한 가정용 커피 머신이 사용되고 있다. 커피콩을 직접 갈아서 내려 먹는 방식의 기계가 가장 널리 사용되었다. 그러나 최근에는 더 간편하게 커피를 먹을 수 있는 캡슐 커피 기계들이 대세로 자리 잡고 있다.

캡슐 커피는 다양한 원두와 맛으로 소비자의 취향을 저격하고 있다. 캡슐을 사용하고 버리면 되는 방식이라서 더 간편한 것이 큰 장점이기도 하다.

나는 아침에 일어나면 가장 먼저 커피를 마신다. 캡슐 커피 기계가 있어서 아주 쉽게 커피를 만들어 먹을 수 있다. 기계에 물을 채워 놓고, 원하는 맛의 캡슐을 넣고, 버튼을 누르면 금방 커피가 만들어진다.

The trend of making coffee at home has **148 taken root** in Korea. People are using various coffee machines at home. The most common machines were **drip coffee machines**. They were used with **fresh ground coffee beans**. But nowadays, **capsule coffee makers** are the **149 hot ticket**. They **simplify the process** of making coffee.

The **coffee pods** are **captivating** consumers with various bean varieties and flavors. You can simply throw away the pods after you use them. This **150 ease of use** is a **major advantage**.

When I wake up in the morning, the first thing I do is to drink some coffee. I have a capsule coffee machine, so I can make coffee **in a flash**. I pour water in the machine, **pop in** the pod that I want, and press a button. **There is nothing to it.**

KEY EXPRESSIONS

take root 정착하다
drip coffee machine
드립 커피 머신
fresh ground coffee beans
갓 분쇄한 원두
capsule coffee maker
캡슐 커피 머신
hot ticket 인기 있는 것
simplify a process
과정을 단순화하다

coffee pods 커피 캡슐
captivate 사로잡다
ease of use 사용 편의성
major advantage 큰 장점
in a flash 순식간에
pop in (간단하게) 삽입하다
there is nothing to it
아주 쉬운 일이다

148 **take root** 정착되다

A trend of making coffee at home has taken root.

집에서 직접 커피를 만들어 먹는 문화가 정착되었다.

It will take a while for the technology to take root.

기술이 정착되려면 시간이 좀 걸릴 것이다.

The idea hasn't taken root yet.

그 개념은 아직 정착되지 못했다.

149 **hot ticket** 인기 있는 것

Nowadays, capsule coffee makers are the hot ticket.

최근에는 캡슐 커피 기계들이 대세로 자리 잡고 있다.

That actor was a hot ticket in the 90s.

90년대에는 그 배우가 아주 인기가 많았다.

This movie will be a hot ticket this winter.

올 겨울에는 이 영화가 흥행할 것이다.

150 **ease of use** 사용 편의성

This ease of use is a major advantage.

이처럼 간편한 것이 큰 장점이기도 하다.

This OS is popular because of its ease of use.

이 운영 체제는 사용 편의성 때문에 인기가 많다.

I bought this product because of its ease of use.

사용 편의성 때문에 이 제품을 구입했다.

A Hey, have you finished that report?

B I'll **have it ready in an hour**.
I'll **get back to you** as soon as I am done.

A Hurry up! Look, it's almost lunchtime already.

B I'm sorry. I haven't had any coffee, so I'm a little **sluggish**.

A Yeah, **grab some coffee** and hurry up.

> **A** 보고서 다 완성했어?
> **B** 한 시간 내로 될 것 같아. 완성되는 대로 알려줄게.
> **A** 서둘러! 벌써 점심시간이 다 되어 가고 있어.
> **B** 미안해. 커피를 안 마셨더니 몸이 좀 느리네.
> **A** 응. 커피 한 잔 마시고, 서둘러 줘.

COMPOSITION PRACTICE

1 여름에는 그 워터 파크가 아주 인기가 좋아. (hot ticket)

2 신규 버전에는 사용 편의성을 개선했으면 좋겠어. (ease of use)

3 커피 한잔 할까? (grab some coffee)

4 젊은이들 사이에 그 문화가 자리 잡아 가고 있어. (take root)

ANSWERS 1. That waterpark is a **hot ticket** in the summer.
2. The new version should improve the **ease of use**.
3. Do you want to **grab some coffee**?
4. That culture is **taking root** among youngsters.

WEATHER
날씨 ━━━━━━

RELATED QUESTIONS
주제별 스피치 향상을 위한 질문 모음

Try to answer the questions based on each topic.

DAY 51 　`TOPIC`　여름철 날씨
1　What do you like about the summer weather? What do you dislike about it?
2　What kinds of things do you do to beat the summer heat?
3　Describe your favorite kind of weather.

DAY 52 　`TOPIC`　겨울 날씨
1　Do you like the winter weather? Why or why not?
2　What is the best and worst thing about winter weather?
3　What are some ways to stay warm in the winter season?

DAY 53 　`TOPIC`　가을 날씨
1　What are some things you can only do in the fall season?
2　Talk about some memories you have about fall.
3　Where are some good places to go for the fall foliage?

DAY 54 TOPIC 봄 날씨

1 What do you like about the spring season in Korea?
2 Are you a spring person or a fall person? Please elaborate.
3 When the weather gets warmer, what do you feel like doing first?

DAY 55 TOPIC 계절병

1 Do you get colds often in the winter?
   If not, when do you get colds most often?
2 Talk about the impact of the yellow dust that comes to Korea in the spring season.
3 What are some ways to stay healthy in the summer season?

Summer Weather

여름철 날씨

Today's TOPIC

51th

한국 여름 날씨는 매우 덥고 습하다. 6월 말부터 기온이 오르기 시작하고, 7월부터는 한 낮에 기온이 섭씨 30도 이상 올라가는 경우가 다반사다. 땀이 많이 나기 때문에, 탈수 증세 예방을 위해서 물을 많이 마시는 것이 좋다. 밤에도 날씨가 무더운 열대야 현상이 자주 일어나서 사람들이 밤잠을 설치는 경우가 많다.

여름에는 또한 장마철이 있다. 연중 강수량의 상당 부분이 여름철에 집중된다. 장마 기간 동안은 폭우와 태풍의 잦은 출몰로 침수나 수해를 겪는 경우가 많다. 우산, 우비, 장화 등이 필수적인 계절이기도 하다. 8월 말까지 기온이 매우 높다가 9월 들어서면 선선해지기 시작하고 가을이 찾아온다.

The **summer weather** in Korea is very **hot and humid**. **Temperatures soar** beginning in late June. By July, **it's the norm** for 151 the daytime highs to rise above 30 degrees Celsius. Because people 152 get sweaty, it's important to drink lots of water to **prevent dehydration**. The **phenomenon of tropical nights** occurs often, and the weather stays **sweltering** even at night. As a result, people often **toss and turn** in bed.

There is also a **rainy season** during the summer. A large part of the **annual rainfall is concentrated** during the **summertime**. 153 Heavy rain and **typhoons** occur often during the rainy season. This frequently **causes flooding** and **water damage**. Umbrellas, raincoats, and boots are **must-haves** during this season. The temperature remains high until late August, but it **cools down** in September as autumn arrives.

summer weather 여름철 날씨
hot and humid 고온 다습한
temperatures soar 온도가 상승한다
it's the norm 일반적이다
daytime high 낮 최고 기온
get sweaty 땀이 나다
prevent dehydration 탈수를 예방하다
phenomenon of tropical nights 열대야 현상
sweltering 무더운
toss and turn 잠을 이루지 못하다

rainy season 장마철
annual rainfall 연중 강수량
be concentrated 집중되다
summertime 여름철
heavy rain 폭우
typhoon 태풍
cause flooding 침수를 유발하다
water damage 수해
must-have 필수품
cool down 시원해지다

151 **the daytime highs** 낮 최고 기온

The daytime highs rise above 30 degrees Celsius.
낮 최고 기온이 섭씨 30도 이상 올라간다.

I checked the daytime highs for the weekend.
주말 낮 최고 기온을 확인해봤다.

It's cold here, even during the daytime highs.
이곳은 낮 최고 기온 동안에도 춥다.

152 **get sweaty** 땀이 나다

Because people get sweaty, it's important to drink lots of water.
땀이 많이 나기 때문에, 물을 많이 마시는 것이 중요하다.

I got sweaty while exercising.
나는 운동을 하면서 땀이 났다.

The weather was cool, so we didn't get sweaty.
날씨가 선선해서 땀이 나지 않았다.

153 **heavy rain** 폭우

Heavy rain falls often during the rainy season.
장마철에는 폭우가 자주 내린다.

My shoes got wet because of the heavy rain.
폭우로 인해 신발이 젖었다.

Heavy rain is expected this weekend.
이번 주말에는 폭우가 내릴 것으로 예상된다.

A I hate the summer! It's so hot outside.

B Here, have some **iced coffee**.

A **That's exactly what I needed**.

B You should **stay inside** when it's too hot.

A I get hot easily. I am definitely not **a summer person**.

> **A** 여름이 정말 싫어! 밖이 너무 더워.
> **B** 여기, 아이스커피 좀 마셔.
> **A** 내가 필요한 게 딱 이거였어.
> **B** 너무 더울 때는 실내에 있는 것이 좋아.
> **A** 내가 더위를 잘 타. 확실히 여름 체질은 아닌 것 같아.

COMPOSITION PRACTICE

1 해변에서는 자외선 차단제가 필수품이다. (must-have)

2 폭우가 내리면 가급적 운전을 하지 마. (heavy rain)

3 땀이 자주 나기 때문에 여름을 좋아하지 않는다. (get sweaty)

4 날씨가 곧 선선해질 거야. (cool down)

ANSWERS
1. Sunscreen is a **must-have** at the beach.
2. Try not to drive in the **heavy rain**.
3. I don't like the summer because I often **get sweaty**.
4. The weather will **cool down** soon.

Winter Weather

겨울 날씨

Today's TOPIC

52th

한국은 사계절이 뚜렷하다. 각 계절마다 단점도 있지만 매력도 있다.

한국의 겨울은 몹시 춥다. 10월부터 기온이 떨어지기 시작하고, 12월에는 본격적으로 추워진다. 가장 추운 날에는 섭씨 영하 10도 이하로도 떨어진다. 바람이 불면 추위가 더 심해진다. 바람으로 인한 체감 온도가 더 낮아서 어떤 날에는 외출을 하기 어렵다.

겨울에는 눈도 많이 온다. 눈은 전국을 아름다워 보이게 만든다. 하지만 이동하는 것이 힘들어지기도 한다. 날씨 때문에 옷을 따뜻하게 입는 것이 중요하다. 때로는 추위가 견디기 힘들 때도 있기는 하지만, 나는 매년 겨울이 돌아와서 좋다.

Korea has **four distinct seasons**. Each season has its own problems and **charms**.

Winter in Korea is 154 <u>**freezing cold**</u>. The temperature starts to drop in October. By December, the weather gets cold **in earnest**. On the coldest days, it drops to as low as -10 degrees **Celsius**, or even more. The wind can **make matters worse**. The **wind chill factor** makes it hard to **go outdoors** on some days.

We 155 <u>**get a lot of snow**</u> **in the winter season** as well. Snow can make the country **beautiful to look at**. However, snow also **makes it hard to get around**. Because of the weather, it's important to 156 <u>**bundle up**</u>. Even though the cold **is hard to bear** at times, I'm glad winter **comes around** each year.

KEY **EXPRESSIONS**

four distinct seasons 뚜렷한 사계절	**get a lot of snow** 눈이 많이 오다
charms 매력	**in the winter season** 겨울철에
freezing cold 매우 추운	**beautiful to look at** 보기에 아름다운
in earnest 본격적으로	**make it hard to** ~하기 힘들게 하다
Celsius 섭씨	**get around** 돌아다니다
make matters worse	**bundle up** (옷을) 따뜻하게 입다
문제를 더욱 악화시키다	**be hard to bear** 견디기 힘들다
wind chill factor (겨울철) 체감 온도	**come around** 돌아오다
go outdoors 바깥으로 외출하다	

154 **freezing cold** 몹시 추운

Winter in Korea is freezing cold.
한국의 겨울 날씨는 몹시 춥다.

He turned off the heater, and it became freezing cold.
그가 히터를 끄자 몹시 추워졌다.

You should wear a coat because it's freezing cold out there.
밖에 정말 추우니까 코트를 입는 것이 좋을 것이다.

155 **get a lot of snow** 눈이 많이 오다

We get a lot of snow in the winter season.
겨울철에 눈이 많이 온다.

The ski resort got a lot of snow last weekend.
지난 주말에 스키장에 눈이 많이 내렸다.

We didn't get a lot of snow last year.
작년에는 눈이 많이 오지 않았다.

156 **bundle up** (옷을) 따뜻하게 입다

Because of the weather, it's important to bundle up.
날씨 때문에 옷을 따뜻하게 입는 것이 중요하다.

My mother always tells me to bundle up.
어머니는 옷을 따뜻하게 입으라고 늘 말씀하신다.

If you don't bundle up, you might catch a cold.
옷을 따뜻하게 입지 않으면 감기에 걸릴지도 모른다.

A Where are you? I've been waiting **for ten minutes**!

B I'm almost there.

A Hurry up. **It's freezing out here.**

B I'm sorry. I'll be there **in five minutes.**

A My nose and ears are **numb** because it's so cold.

> **A** 어디야? 나 10분째 기다리고 있어.
> **B** 거의 다 왔어.
> **A** 빨리 와. 밖이라서 얼어 죽겠어!
> **B** 미안해. 5분 내로 갈게.
> **A** 너무 추워서 코하고 귀가 느낌이 없어.

COMPOSITION PRACTICE

1 눈 속에서 놀러 나가기 전에 옷을 따뜻하게 입었다. (bundle up)

2 눈이 많이 내렸지만, 이내 녹아버렸다. (get a lot of snow)

3 이곳 날씨는 밤에 몹시 추워진다. (freezing cold)

4 내가 그것을 고치려고 했지만, 오히려 문제를 더 악화시켰다. (make matters worse)

ANSWERS
1. We **bundled up** before we went to play in the snow.
2. We **got a lot of snow**, but it soon melted.
3. The weather here gets **freezing cold** at night.
4. I tried to fix it, but I **made matters worse**.

Fall Weather

가을 날씨

강의 **53**

Today's TOPIC

53th

한국의 가을은 정말 최고의 날씨를 만끽할 수 있는 계절이다. 천고마비라는 말로 가을을 묘사하기도 한다. 가을에는 선선한 바람이 불고, 화창한 날씨가 연일 이어진다. 산에 있는 나무들은 아름다운 색깔로 물든다. 나뭇잎은 빨간색, 노란색, 주황색으로 변한다.

이러한 가을 단풍은 10월 중순에 절정을 이룬다. 연중 이맘때가 등산을 하기에 가장 좋다. 사람들은 정말 아름다운 단풍을 보러 전국 각지의 산을 찾는다. 사진 찍는 것을 좋아하는 이들에게도 가을은 최고의 계절이다. 단풍잎을 배경으로 사진을 찍는 이들이 아주 많다. 어떤 사람들은 가을을 타기도 한다. 날씨가 바뀌면서 싱숭생숭해지기도 하는 것이다.

Autumn in Korea is a time when people can enjoy **perfect weather**. Autumn **is described as** a season when the sky is high and horses grow fat. **Cool breezes** blow in the fall, and fine weather **goes on for days**. The trees in the mountains change into beautiful colors. The leaves turn red, yellow, and orange.

The **157** **fall foliage reaches a peak** in mid-October. Out of the year, this is the best time to **go hiking**. People **flock to mountains** all over the country to see the **picture-perfect** foliage. Fall is also the best season for **shutterbugs**. Many people take pictures **with the autumn leaves as a backdrop**. Some people **158** **get sentimental in the fall**. As the weather changes, they **159** **feel restless**.

KEY **EXPRESSIONS**

perfect weather 최고의 날씨
be described as
~으로 묘사되다

cool breeze 선선한 바람
go on for days
연일 계속되다

fall foliage 가을 단풍
reach a peak 절정을 이루다
go hiking 등산을 하다

flock to mountains
산으로 몰리다

picture-perfect 매우 훌륭한
shutterbug 사진 애호가
with ~ as a backdrop
~을 배경으로

get sentimental in the fall
가을을 타다
feel restless 싱숭생숭하다

157 **fall foliage** 가을 단풍

The fall foliage is very beautiful in mid-October.
10월 중순에는 가을 단풍이 매우 아름답다.

We went to the mountains to see the fall foliage.
가을 단풍을 보기 위해 산으로 갔다.

You should go see the fall foliage before it's too late.
너무 늦기 전에 가을 단풍을 가서 보도록 해.

158 **get sentimental in the fall** 가을을 타다

Some people get sentimental in the fall.
가을을 타는 사람도 있다.

More men than women get sentimental in the fall.
여성보다는 남성이 더 흔히 가을을 탄다.

When I get sentimental in the fall, I listen to sad music.
가을을 타면 슬픈 음악을 듣는다.

159 **feel restless** 싱숭생숭하다

As the weather changes, people feel restless.
날씨가 바뀌면서 사람들이 싱숭생숭해지는 것이다.

I felt restless before graduation.
졸업을 앞두고 싱숭생숭했다.

I call my friends when I feel restless.
싱숭생숭해지면 친구들에게 전화를 건다.

A What did you do over the weekend?

B I **went hiking** to **see the autumn leaves**.

A It must've been very pretty. Did you have a good time?

B Oh, believe me. **It took my breath away**.

A Really? Was it that good?

> **A** 주말에는 뭐 했어?
> **B** 가을 단풍을 보려고 등산을 했어.
> **A** 정말 예뻤겠다. 즐거웠어?
> **B** 정말 말 그대로, 숨막히게 아름다웠어.
> **A** 정말? 그렇게 좋았어?

COMPOSITION PRACTICE

1 기분이 싱숭생숭해지면 산책을 즐겨 한다. (feel restless)

2 가을을 타면 책을 많이 본다. (get sentimental in the fall)

3 최고의 날씨를 만끽하기 위해 야외로 나갔다. (perfect weather)

4 이곳은 가을 단풍을 보기에 좋은 곳이야. (fall foliage)

ANSWERS 1. When I **feel restless**, I like going for a walk.
2. I read a lot of books when I **get sentimental in the fall**.
3. I went outside to enjoy the **perfect weather**.
4. This is a good place to see the **fall foliage**.

Spring Weather

봄 날씨

Today's TOPIC

54th

봄철은 연중 가장 좋은 계절임에 틀림이 없다. 너무 춥지도, 너무 덥지도 않다. 기온이 딱 좋다. 공기가 정말 좋고 신선하다. 하늘도 정말 맑고, 가볍게 옷차림을 해도 될 만큼 날씨가 따뜻하다. 모든 것이 신선하고 새롭다. 바깥 활동을 하기에도 가장 좋은 계절이다. 강을 따라서 자전거를 타는 많은 사람들을 목격할 수 있다.

벚꽃은 봄철과 거의 동일시된다. 사람들은 벚꽃이 활짝 핀 명소를 찾아다닌다. 매년 이맘때쯤 벚꽃이 정말 아름답게 만개하기 때문이다. 나는 관광객이 모이는 정신없는 곳은 북적대서 싫어하는 편이다. 그러나 이 시기에는 그리 상관없다.

Springtime is **arguably** the most **pleasant** season of the year. It's neither too cold nor too hot. It's **just right**. The air feels nice and **breezy**. The skies are clear. It is warm enough to **dress light**. Everything just feels fresh and new. It's the perfect season for **160** <u>outdoorsy</u> activities. You can **spot** many people riding their bikes along the river.

The **cherry blossoms are synonymous with** this season. People **161** <u>flock to</u> places where cherry blossoms **bloom**. The cherry blossoms are **162** <u>in full bloom at this time of year</u>. I usually don't like **touristy** areas because they **are crowded**. But I don't mind **this time of the year**.

KEY **EXPRESSIONS**

springtime 봄철
arguably (비교급/최상급) 거의 틀림없이
pleasant 기분 좋은
just right 딱 맞는
breezy 산들바람이 부는
dress light 가볍게 옷차림을 하다
outdoorsy 야외에서 하기 더 좋은
spot 목격하다
cherry blossoms 벚꽃

be synonymous with
~와 동일시되다
flock to ~으로 모여 들다
bloom 활짝 피다
in full bloom 만개한
touristy
관광객이 많아 정신없는
be crowded 사람들로 붐비다
this time of the year 매년 이맘때

160 **outdoorsy** 야외에서 하기 좋은

It's the perfect season for outdoorsy activities.
야외 활동을 하기에 가장 좋은 계절이다.

I love to do outdoorsy things when the weather gets warm.
날씨가 따뜻해지면, 나는 야외 활동을 하는 것을 좋아한다.

Do you consider yourself to be outdoorsy?
본인이 야외 활동을 하는 것을 좋아하는 편이라고 생각하세요?

161 **flock to** ~으로 모여들다

Locals and tourists flock to that place.
지역 주민들과 관광객들이 그곳으로 모여든다.

People flock to movie theaters on weekends.
사람들은 주말에 영화관으로 모여든다.

Many people flocked to the shopping mall for the post-holiday sale.
많은 사람들이 명절 후에 진행되는 세일 때문에 쇼핑몰로 모여들었다.

162 **in full bloom** 만개한

Rows and rows of cherry blossoms are in full bloom.
벚꽃들이 끝도 없이 만개한다.

The flowers are in full bloom now, so don't miss it.
지금 꽃들이 만개해 있으니까, 놓치지 마.

I missed the window to see the cherry blossoms in full bloom last year.
작년에 벚꽃이 만개한 것을 볼 기회를 놓쳤다.

A I've been feeling unusually **moody**.

B How so?

A I wake up excited, and then **I'm down** the next minute.

B **It's probably spring fever**.

A You are probably right.

A 요즘 좀 기분이 오락가락해.
B 어떤 식인데?
A 일어났을 때는 기분이 좋았다가, 얼마 안 있다가 기분이 울적하고 그래.
B 봄이 되어 나른해져서 그럴 거야.
A 네 말이 맞는 것 같아.

COMPOSITION PRACTICE

1 기온이 딱 좋아. (just right)

2 일단 더 더워지고 나면, 우리는 냉방이 되는 공간으로 모여들 것이다. (flock to)

3 장미는 활짝 피었을 때 가장 아름답다. (in full bloom)

4 일주일 내내 안에만 있었어, 그래서 밖에 나가서 뭔가를 하고 싶어. (outdoorsy)

ANSWERS
1. The temperature is **just right**.
2. Once it gets hotter, we will **flock to** an air-conditioned space.
3. Roses look the best **in full bloom**.
4. I've been indoors all week, so I need to do something **outdoorsy**.

Seasonal Illnesses
계절병

Today's TOPIC

55th

한국의 겨울은 매섭게 춥다. 겨울에는 감기나 폐렴에 더 걸리기 쉽다. 봄이 오면 황사를 걱정해야 한다. 황사가 중국의 사막에서 불어오는데, 해로운 먼지들이 대기 중에 머문다. 사람들은 나쁜 공기를 들이마시지 않기 위해 마스크를 쓴다. 황사는 안구 염증, 후두염, 심지어 피부 알레르기를 일으키기도 한다.

여름이 시작되면 일사병이 생기는 경우가 많아서, 사람들은 찌는 듯한 열기와 습기를 피하기 위해 에어컨이 켜진 실내에서 지낸다. 하지만 에어컨을 너무 많이 쐬면 감기와 같은 냉방병 증상이 생길 수 있다. 마지막으로 가을철이 되면 아침 최저 기온과 오후 최고 기온 간의 일교차가 매우 심하다. 심장 질환이 있거나 고혈압인 사람들은 반드시 주의해야 한다.

Winters in Korea are **freezing cold**. The **flu** and even **pneumonia** become more common during this season. **Come spring**, there's **yellow dust** to worry about. The **yellow sand** storm **blows in from** China's deserts. The harmful dust **lingers in the air**. People wear masks to avoid 163 **breathing in the bad air**. The dust can cause **eye irritation**, **throat infections**, and even **skin allergies**.

When summer **comes around**, there are more cases of **heat exhaustion**. So, people stay in **air-conditioned rooms** to avoid the **scorching heat** and **humidity**. However, **excessive exposure to air-conditioning** can lead to 164 **cold-like symptoms**. Finally, in the fall, **the morning lows** and **the afternoon highs** tend to 165 **vary quite a bit**. People with **heart conditions** or **high blood pressure** should **take caution**.

KEY EXPRESSIONS

freezing cold 매섭게 추운
flu 감기(독감)
pneumonia 폐렴
yellow dust(= Asian dust, yellow sand)
황사
blow in from ~에서 불어오다
linger in the air 대기 중에 머물다
breathe in the bad air
나쁜 공기를 들이마시다
eye irritation 눈 염증
throat infection 후두염
skin allergy 피부 알레르기
come around 돌아오다

heat exhaustion 일사병
air-conditioned room 냉방이 되는 방
scorching heat 찌는 듯한 열기
humidity 습기
excessive exposure to air-conditioning
냉방 과다 노출
cold-like symptom 감기 같은 증상
the morning lows 아침 최저 기온
the afternoon highs 낮 최고 기온
vary quite a bit 편차가 제법 크다
heart condition 심장 질환
high blood pressure 고혈압
take caution 주의하다

163 **breathe in the bad air** 나쁜 공기를 들이마시다

People wear masks to avoid breathing in the bad air.
사람들은 나쁜 공기를 호흡하는 것을 피하기 위해 마스크를 쓴다.

Breathing in the bad air is not good for old people.
나쁜 공기를 마시는 것은 노인들에게 좋지 않다.

Do not breathe in the bad air.
나쁜 공기 들이마시지 마.

164 **cold-like symptom** 감기 같은 증상

Excessive exposure to air-conditioning can lead to cold-like symptoms.
에어컨을 너무 많이 쐬면 감기와 같은 냉방병 증상이 생길 수 있다.

I had cold-like symptoms, but it was not a cold.
감기 같은 증상이 있었지만 감기는 아니었다.

Her cold-like symptoms were found to be pneumonia.
그녀의 감기 같은 증상은 폐렴으로 밝혀졌다.

165 **vary quite a bit** 편차가 제법 나다

The morning lows and the afternoon highs tend to vary quite a bit.
아침 최저 기온과 오후 최고 기온 간의 일교차가 매우 심하다.

The weather varies quite a bit from city to city.
도시마다 날씨가 제법 차이가 많이 난다.

Temperatures vary quite a bit at this time of year.
매년 이맘때쯤이면 기온 편차가 좀 심하다.

DIALOGUE PRACTICE

A There is **a yellow sand storm alert** today.

B Yeah, I know. Don't **stay outdoors** for too long.

A I bought a mask from the pharmacy.

B Maybe I should do that too.

A I think masks are **a must** on a day like this.

> **A** 오늘 황사 주의보가 발령되었어.
> **B** 알아. 밖에 너무 오래 있지 마.
> **A** 난 약국에서 마스크를 샀어.
> **B** 나도 하나 사야겠어.
> **A** 이런 날은 마스크가 필수품인 것 같아.

COMPOSITION PRACTICE

1 너무 추우니까 오늘은 그냥 집에 있자. (freezing cold)

---

2 북쪽에서 찬 바람이 불어온다. (blow in from)

---

3 천천히 숨을 들이쉬세요. (breathe in)

---

4 이렇게 감기 같은 증상이 3일간 있었어요. (cold-like symptom)

ANSWERS 1. It's **freezing cold** today, so let's just stay home.
2. Cold wind **blows in from** the north.
3. **Breathe in** the air slowly.
4. I have had these **cold-like symptoms** for 3 days.

CHAPTER

9

FINANCE

금융 ─────

RELATED QUESTIONS
주제별 스피치 향상을 위한 질문 모음

Try to answer the questions based on each topic.

DAY 56 `TOPIC` 은행 업무

1 Do you prefer doing banking on a computer, on a phone, or in person?
2 What are some problems you have had with online banking?
3 What are some ideas you have to make banking easier?

DAY 57 `TOPIC` 신용 카드

1 What are the pros and cons of using credit cards?
2 Have you ever been late for a credit card payment? Why did that happen?
3 What are some things that you should keep in mind when you are using your credit card?

DAY 58 `TOPIC` 현금 지급기

1 Talk about the last time you used an ATM. What did you do?
2 Talk about a time when you had trouble using an ATM.
3 Do you think there should be more ATMs around us? Why is that?

DAY 59 TOPIC 환전

1 What are the pros and cons of exchanging currencies at a bank or at the airport?
2 How much cash do you carry around while traveling?
3 What are some things you need to do to prepare for a trip?

DAY 60 TOPIC 주식

1 Do you invest in stocks? Why or why not?
2 How is stock trading different from gambling?
3 What are some other ways people invest their money?

Banking

은행 업무

Today's TOPIC

요즘은 대부분의 은행 업무를 인터넷 뱅킹이나 모바일 뱅킹으로 한다. 잔고 확인, 계좌 이체, 청구서 납부 등의 기본 업무 등 상당수의 업무가 핸드폰으로 가능하다. 매월 내야 하는 요금 납부 등은 자동 이체를 설정해두는 경우가 많아서, 자동으로 통장에서 돈이 빠져나간다.

실제로 은행에 가는 경우는, 계좌 개설을 받거나 대출 상담을 하는 등의 창구 상담이 필요한 경우이다. 보안 카드나 OTP 카드를 재발급하는 업무도 직접 은행을 방문해야 한다. 외국을 나가기 전에 환전을 해야 하는 경우도 은행에 직접 방문을 해야 한다.

주변에 자동 현금 지급기가 워낙 많아서 매우 편리하게 현금을 인출할 수 있다. 이 기계에서 입금을 할 수도 있다. 편의점에 있는 자동화 기기들은 24시간 사용할 수 있다. 은행 업무를 보는 것이 전반적으로 매우 편해진 세상이다.

People do most of their **banking tasks** these days through **online banking** or **mobile banking**. You can do most basic things on a phone, including 166 checking your balance, **making a transfer**, or 167 paying the bills. People often **set up automatic transfers** for **monthly fees**, so money **is withdrawn automatically**.

When people actually visit a bank, it's usually to **consult with a teller** to **open up an account** or to **apply for a loan**. **Getting a security card or OTP card reissued** also requires a visit. People also visit banks to **exchange currencies** before they **go overseas**.

It's easy to **withdraw cash** since there are ATMs 168 on every corner. ATMs can also be used to **make a deposit**. ATMs at convenience stores are **open around the clock**. Overall, people can **breeze through** banking tasks these days.

KEY **EXPRESSIONS**

banking tasks 은행 관련 업무
online banking 온라인 뱅킹
mobile banking 모바일 뱅킹
check one's balance
잔액 조회를 하다
make a transfer 송금을 하다
pay the bills
각종 요금을 지불하다
set up automatic transfers
자동 이체를 설정하다
monthly fees
매월 내야 하는 요금
be withdrawn automatically
자동으로 출금되다

consult with a teller
창구 상담을 받다
open up an account 계좌를 신설하다
apply for a loan 대출 신청을 하다
get a ~ card reissued
~ 카드를 재발급 받다
exchange currencies 환전을 하다
go overseas 해외로 출국하다
withdraw cash 현금을 인출하다
on every corner 곳곳에 흔한
make a deposit 입금을 하다
open around the clock
24시간 무휴로 영업하다
breeze through 쉽게 처리하다

166 **check one's balance** 잔액 조회를 하다

You can do basic things on a phone, including checking your balance.
잔액 조회 등 기본적인 것들을 휴대폰으로 할 수 있다.

I need to check my balance before deciding whether to buy this.
이것을 구입할지 결정하기 전에 잔액 조회를 해야겠다.

I don't have to go to the bank to check my balance.
잔액 조회를 하기 위해서 은행에 갈 필요가 없다.

167 **pay the bills** 각종 요금을 지불하다

You can pay the bills using your phone.
휴대폰으로 각종 요금을 지불할 수 있다.

He pays the bills by working part-time.
그는 아르바이트를 하며 각종 요금을 지불한다.

I don't like my job, but I have to pay the bills.
직업이 마음에 들지는 않지만, 각종 요금을 지불해야 한다.

168 **on every corner** 곳곳에 흔한, 도처에

There is an ATM on every corner.
곳곳에 아주 흔하게 자동 인출기가 있다.

In Korea, there is a convenience store on every corner.
한국에는 편의점이 곳곳에 있다.

It seems like there is a coffee shop on every corner.
온통 커피숍밖에 없는 것 같아.

A What are you doing? If we don't leave now, we'll be late.

B Can you wait just a moment? I have to **make a bank transfer.**

A Do you have to do it right now? **Make it snappy**.

B Don't worry, I can do it really quickly on my smartphone.

A Okay, I'll wait over there.

> **A** 뭐 하는 거야? 지금 출발하지 않으면 늦는다고.
> **B** 잠깐만 기다려줘. 계좌 이체를 좀 해야 돼서.
> **A** 지금 당장 해야 되는 거야? 빨리 좀 해.
> **B** 걱정 마. 스마트폰으로 금방 할 수 있어.
> **A** 알았어. 난 저기서 기다릴게.

COMPOSITION PRACTICE

1 한국에는 버스 정거장이 여러 곳에 있다. (on every corner)

2 우리 아버지는 은행 창구 상담을 받는 것을 선호하신다. (consult with a teller)

3 기분이 워낙 좋아서 업무도 가볍게 처리했다. (breeze through)

4 통장 잔액을 확인할 때마다 기분이 살짝 우울해진다. (check one's balance)

ANSWERS
1. In Korea, there are bus stops **on every corner**.
2. My dad prefers to **consult with a teller** for everything.
3. I was in such a good mood that I **breezed through** my work.
4. I feel a little depressed every time I **check my balance**.

Credit Cards

신용 카드

Today's TOPIC

57th

한국에서는 신용 카드를 사용할 때 각 건 별로 결제 방법을 직접 정할 수가 있다. 일시불 또는 할부 결제를 선택할 수가 있는 것이다. 물론 할부 결제를 할 경우에는 이자를 내야 한다.

뿐만 아니라, 일부 신용 카드 회사들은 최소 결제 금액 서비스를 제공하기도 한다. 카드 고객들은 신용 카드 결제 대금의 일부만 결제하고 나머지 금액의 결제를 다음 달로 미룰 수가 있다. 이렇게 하면 고객은 신용 등급이 떨어지지 않으면서 카드 대금을 결제할 수 있게 된다. 하지만 이 경우에도 이자가 붙는다.

한국의 신용 카드 중에는 캐쉬백 서비스를 제공하는 것이 많다. 고객들은 사용액의 일부를 포인트로 돌려받게 된다. 이러한 포인트를 다양한 곳에서 할인 받는 데 사용할 수 있다.

When you use your credit card in Korea, you can decide how to **pay off** each purchase. You can either choose **169** **immediate payment** or an **installment plan**. Of course, you have to **pay interest** if you decide to **170** **pay in installments**.

Also, some credit cards offer **minimum payment plans**. Card holders can pay **a small portion of** their **credit card bill** and **pay off the remaining portion** the following month. This helps customers **171** **make their payments** without **hurting their credit rating**. But you have to pay interest if you do this, as well.

Korean credit cards commonly have cash back services. Users can get a small portion of their spending back in points. They can use those points to **get discounts** at various places.

KEY	EXPRESSIONS

pay off 지불하다, 납부하다
immediate payment
일시불 결제
installment plan 할부 결제
pay interest 이자를 내다
pay in installments
할부로 결제하다
minimum payment plan
최소 금액 결제 서비스 (리볼링 결제)
a small portion of
~의 작은 일부

credit card bill
신용 카드 청구서
pay off the remaining portion
나머지 금액을 결제하다
make one's payment
결제하다, 납부하다
hurt one's credit rating
신용 등급이 떨어지다
get discounts 할인을 받다

169 **immediate payment** 일시불 결제

You can either choose immediate payment **or an installment plan.**

일시불 또는 할부 결제를 선택할 수가 있다.

Some people prefer to only do immediate payment.

어떤 사람들은 오로지 일시불 결제만을 선호한다.

I think immediate payments **are better.**

내 생각에는 일시불 결제가 더 좋은 것 같아.

170 **pay in installments** 할부로 결제하다

You have to pay interest if you decide to pay in installments.

할부로 결제를 할 경우에는 결제 금액에 이자가 붙는다.

Can I pay **for that** in installments?

그것을 할부로 낼 수도 있나요?

I am paying **my car payment** in installments.

나는 차 값을 할부로 납부하고 있다.

171 **make one's payment** 결제하다, 납부하다

Customers can make their payments **without hurting their credit rating.**

고객들은 신용 등급이 떨어지지 않으면서 결제 금액을 지불할 수 있게 된다.

I don't want to be late making my payment.

나는 연체하고 싶지는 않다.

You can make your payment **in several different ways.**

결제를 몇 가지 다른 방식으로 할 수 있다.

DIALOGUE PRACTICE

A Oh, no. I think I **maxed out my credit card**.

B Really? How did that happen?

A I bought some **big ticket items** this month.

B I see. Do you have another card?

A I'll just use my **debit card**.

> **A** 아이고, 카드가 한도 초과된 것 같아.
> **B** 정말? 어쩌다 그랬어?
> **A** 이번 달에 비싼 제품을 많이 샀거든.
> **B** 그렇구나. 다른 카드 있어?
> **A** 그냥 직불 카드 쓰지 뭐.

COMPOSITION PRACTICE

1 갚아야 하는 대출금이 있나요? (pay off)

2 나는 급여의 일부분을 자선 단체에 기부한다. (a small portion of)

3 대부분의 사람들은 핸드폰 단말기 값을 할부로 납부한다. (pay ~ in installments)

4 월말을 결제일로 할 수 있을까요? (make my payments)

ANSWERS
1. Do you have any loans to **pay off**?
2. I donate **a small portion of** my income to charity.
3. Most people **pay** for their cell phones **in installments**.
4. Can I **make my payments** at the end of the month?

강의 **58**

ATM
현금지급기

Today's TOPIC

58th

현금을 뽑아야 될 때마다, 가장 먼저 하는 것은 현금 지급기를 찾는 것이다. 현금 지급기는 주변 여기저기에 있다. 은행에 직접 현금을 뽑거나 입금을 하러 가지 않아도 되기 때문에 현금 지급기는 매우 편리하다.

예전에는 고객들이 은행 업무를 보기 위해서 직접 은행에 가는 방법 밖에 없었다. 은행들이 일찍 영업을 종료하는 바람에 고객 불편이 가중되었다. 그러나 현금 지급기는 은행 영업 시간 이후에도 사용이 가능하다.

편의점에 있는 기계들은 연중무휴 사용이 가능하다. 추가 수수료가 조금 아깝지만, 여러 가지를 감안해보았을 때, 장점이 단점보다 많다.

Whenever you have to **172** <u>get some cash</u>, the first thing you do is to look for an **automated teller machine**. ATMs are **all over the place** in Korea. They are very convenient as you don't have to go to an actual bank to get cash or **173** <u>make a deposit</u>.

Back in the day, customers **had no choice but to** visit the bank **in person** to do any banking. This problem was made worse by banks closing too early. However, ATMs can be used even **174** <u>after business hours</u>.

The machines you can find at convenience stores can be used **24/7**. The additional fees can **be a pain in the neck**, but **all things considered, the pros outweigh the cons**.

KEY **EXPRESSIONS**

get some cash 현금을 인출하다
ATM (automated teller machine)
현금 지급기

all over the place 사방에 있는
make a deposit 입금을 하다
have no choice but to ~할 수 밖에 없다
in person 직접, 몸소
after business hours
영업 시간 이후에

24/7 연중무휴
be a pain in the neck
성가시다
all things considered
모든 것을 고려해보았을 때
the pros outweigh the cons
장점이 단점보다 많다

172 **get some cash** 현금을 인출하다

I have to get some cash.
나 현금 좀 뽑아야 해.

Where can I get some cash?
현금을 어디서 뽑을 수 있을까요?

Do you need to get some cash?
현금 뽑아야 하니?

173 **make a deposit** 입금을 하다

You don't have to go to an actual bank to make a deposit.
입금을 하기 위해 실제 은행에 가지 않아도 된다.

You need your debit card to make a deposit.
입금을 하기 위해서 직불 카드가 필요하다.

It's much easier to make a deposit **through ATMs.**
현금 지급기를 통해서 입금을 하는 것이 훨씬 쉽다.

174 **after business hours** 영업 시간 이후에

ATMs can be used even after business hours.
현금 지급기는 영업 시간 이후에도 이용할 수 있다.

We arrived there after business hours.
우리는 영업 시간이 종료된 이후에 거기에 도착했다.

You can use their website after business hours.
영업 시간 이후에는 그들의 웹사이트를 이용하면 된다.

음원 58-2

A Excuse me, **is there an ATM around here?**

B Sure, there's one **downstairs.**

A How do I get there?

B Take the elevator over there.

A Do I **go straight down the hall** this way?

> **A** 실례합니다만, 이 근처에 현금 지급기 있나요?
> **B** 네, 아래 층에 하나 있습니다.
> **A** 어떻게 가면 되죠?
> **B** 저기 있는 엘리베이터를 타세요.
> **A** 이 복도 방향으로 직진해서 가면 될까요?

COMPOSITION PRACTICE

1 출발하기 전에 현금을 조금 뽑자. (get some cash)

---

2 나 입금 좀 해야 해. (make a deposit)

---

3 쓰레기 버리러 나가는 것이 성가시다. (be a pain in the neck)

---

4 영업 시간 이후에 도착하면 할 수 있는 게 없다. (after business hours)

ANSWERS
1. Let's **get some cash** before we leave.
2. I need to **make a deposit**.
3. It **is a pain in the neck** to take out the garbage.
4. There's nothing you can do if you go **after business hours**.

DAY 59

Currency Exchange

환전

강의 **59**

Today's TOPIC

59th

종종 환전을 해야 하는 경우가 있다. 가장 흔하게 환전을 해야 하는 경우는 해외여행을 갈 때이다. 요즘은 해외 주식 거래를 하는 사람이라면, 주식 거래를 하기 위해서 환전을 하는 경우도 있다.

국가별로 사용하는 통화가 다르기 때문에 그 국가의 화폐로 환전을 하게 된다. 환율은 매일 변하기 때문에, 환율이 유리할 때 환전하면 좋다.

환율 우대를 받는 방법도 찾아보면 유리하다. 여행 경비를 목적으로 했을 때, 환율을 매우 유리하게 받을 수 있는 은행권의 서비스들도 있다. 환전 앱을 설치하고 금액을 설정한 후, 특정 은행 지점에 가서 외국환을 수령하면 된다.

There are times when we have to exchange currencies.
Most commonly, we do so when we travel abroad.
These days, some people exchange currencies to trade
stocks if they **175** invest in overseas stocks.

Each country uses a different currency, so people exchange
money to the currency of the relevant country.
The exchange rate changes on a daily basis, so it's good to
exchange currencies when the rate is better.

It also helps to look for ways to **176** get a favorable
exchange rate. Some banks offer favorable rates when
you're exchanging currencies for travel purposes.
Users install an app for the exchange and set an amount.
Then, they **177** visit a bank branch and pick up the foreign
currency.

KEY **EXPRESSIONS**

there are times when
〜할 때가 있다

exchange currency 환전하다
trade stocks 주식 거래를 하다
invest in overseas stocks
해외 주식 투자를 하다
exchange rate 환율
on a daily basis
매일매일

get a favorable exchange rate
환율 우대를 받다
for travel purposes
여행 목적으로
install an app 앱을 설치하다
set an amount
금액을 설정하다
visit a bank branch
은행 지점에 방문하다

PATTERN PRACTICE

175 **invest in overseas stocks** 해외 주식 투자를 하다

These days, some people invest in overseas stocks.
요즘은 해외 주식 거래를 하는 사람들도 있다.

I'm too timid to invest in overseas stocks.
난 너무 소심해서 해외 주식 투자를 못 한다.

I lost a lot of money investing in overseas stocks.
해외 주식 투자를 하다가 손실을 크게 봤다.

176 **get a favorable exchange rate** 환율 우대를 받다

It helps to look for ways to get a favorable exchange rate.
환율 우대를 받는 방법을 찾아보면 유리하다.

I got a favorable exchange rate **because I had used this bank for a long time.**
이 은행을 오래 사용해왔기 때문에 환율 우대를 받았다.

It's harder to get a favorable exchange rate **at the airport.**
공항에서는 유리한 환율로 환전을 하기 힘들다.

177 **visit a bank branch** 은행 지점에 방문하다

Users visit a bank branch **and pick up the foreign currency.**
사용자는 은행 지점에 가서 외국환을 수령하면 된다.

I visited a bank branch **in person because there was one near my office.**
회사 근처에 은행 지점이 있어서 직접 방문했다.

You rarely have to visit a bank branch **these days.**
요즘은 은행 지점에 방문해야 하는 경우가 흔하지 않다.

DIALOGUE PRACTICE

A Have you exchanged currencies?

B Yeah. I did it using a **currency exchange app**.

A Oh, I see. Did you **get a good exchange rate**?

B Yes. The exchange rate is **barely higher** than the **basic exchange rate**.

A Well, I guess using the app is the best way to do it.

> A 환전 했니?
> B 응. 난 환전 앱 이용해서 했어.
> A 아, 그랬구나. 환율 좋게 받았어?
> B 응. 기준 환율에서 조금만 높게 환전이 돼.
> A 그럼, 그 앱으로 환전하는 것이 가장 유리하겠네.

COMPOSITION PRACTICE

1 나는 작년에 해외 주식 투자를 시작했다. (invest in overseas stocks)

2 환율 우대를 받을 수 있어서, 아내가 환전을 했다. (get a favorable exchange rate)

3 점심시간에 은행 지점에 방문할 수 있었다. (visit a bank branch)

4 인터넷으로 기준 환율을 확인해봤다. (basic exchange rate)

ANSWERS
1. I started to **invest in overseas stocks** last year.
2. My wife exchanged currencies, because she could **get a favorable exchange rate**.
3. I was able to **visit a bank branch** during my lunch break.
4. I checked the **basic exchange rate** online.

DAY
60

Stocks
주식

강의 **60**

Today's TOPIC

60th

주식에 투자를 하는 것은 일장일단이 있다. 통상적인 금융 상품들에 비해서 고수익을 낼 수 있다는 장점은 있다. 그러나 그만큼 투자한 원금에 손실을 볼 수 있는 위험성도 같이 존재한다. 그래서 주식을 거래할 때는 철저한 준비를 하는 것이 좋다. 투자하려는 기업에 대해 공부도 많이 하고, 주가 변동 추이도 잘 살펴볼 필요가 있다. 더불어 주식 매수 시점과 매도 타이밍을 잘 잡아야 수익을 볼 수 있다.

나는 제법 오랜 시간 주식에 투자를 해왔다. 기업들의 동향에 대한 여러 가지 자료를 통해 공부를 꾸준히 한다. 또한 전문가들 추천 종목과 업계 전망 등도 꼼꼼히 살펴본다. 몇 가지 주식에 분산 투자를 해서, 투자 위험을 분산시킬 수 있다. 요즘에는 국내 주식뿐만 아니라, 미국 기업의 주식도 거래를 하기 시작했다.

Investing in stocks has its **178** <u>pros and cons</u>. An advantage is that you can **earn a higher profit** compared to conventional financial investments. However, there is also a risk of **taking a loss on your investment**. That's why you have to **be fully prepared** when trading stocks. You have to **179** <u>study up on</u> the companies you want to invest in. You also have to **closely monitor** stock market trends. Furthermore, you need to **180** <u>have good timing</u> when you buy or sell stocks to earn a profit.

I have been investing in stocks for **quite a while**. I continue to study **corporate trends** using various media. I also **meticulously** examine **expert recommendations** and **industry prospects**. I **diversify my portfolio** across various stocks. This way, I can **hedge against risks**. Recently, I have started **dabbling in** stocks for American companies in addition to domestic ones.

pros and cons 장단점
earn a profit 수익을 벌다
take a loss (on an investment)
(투자에) 손실을 보다
be fully prepared
철저히 준비하다
study up on ~을 주의깊게 공부하다
closely monitor
자세히 살펴보다
have good timing
타이밍을 잘 맞추다
quite a while 제법 긴 시간, 한동안

corporate trends
기업 동향
meticulously 꼼꼼하게
expert recommendations
전문가 추천
industry prospects
업계 전망
diversify one's portfolio
분산 투자를 하다
hedge against risks
위험을 분산시키다, 대비하다
dabble in ~에 투자하다

178 **pros and cons** 장단점

Investing in stocks has its pros and cons.

주식에 투자를 하는 것은 일장일단이 있다.

Whatever you choose, there will be pros and cons.

어떤 선택을 하든 장단점이 있을 것이다.

We discussed the pros and cons of the plan.

계획의 장단점에 대해 의논을 했다.

179 **study up on** ~을 주의깊게 공부하다

You have to study up on the companies you want to invest in.

투자하려는 기업에 대해 공부를 많이 해야 한다.

I like to study up on a place before I travel there.

나는 여행을 가기 전에 목적지에 대해 찬찬히 공부하는 것을 좋아한다.

I studied up on the company before my job interview.

채용 면접을 보기 전에 해당 회사에 대해 공부했다.

180 **have good timing** 타이밍을 잘 맞추다

You need to have good timing when you buy or sell stocks to earn a profit.

주식 매수 시점과 매도 타이밍을 잘 잡아야 수익을 볼 수 있다.

Sometimes, having good timing is more important than skill.

때로는 능력보다 타이밍을 잘 맞추는 것이 중요할 때도 있다.

Of course, you should practice, but you also have to have good timing.

물론 연습도 해야 하지만, 타이밍도 잘 맞아야 한다.

A Have you **invested in any stocks** like I told you to?

B Not yet. I'm too scared that I'll lose everything.

A Yeah, **there is a risk**, but **the bank interest** is too low these days.

B I know. I just don't think I know enough about **the stock market** yet.

A I know what you mean.

> **A** 내가 알려준 대로 주식에 투자 좀 해봤니?
> **B** 아직이야. 돈을 전부 잃어버릴까봐 너무 두려워.
> **A** 맞아. 투자 손실 리스크가 있기는 한데, 요즘 은행 이자가 너무 낮잖아.
> **B** 알아. 난 아직 주식 시장에 대해 충분히 모르는 것 같아.
> **A** 무슨 말인지 알겠어.

COMPOSITION PRACTICE

1 중고로 차를 구입하면 장단점이 있다. (pros and cons)

2 대부분의 성공한 사람들은 타이밍이 좋은 것 같아. (have good timing)

3 한동안 서로 말을 안 했다. (quite a while)

4 전문가의 추천 사항은 무시하려고 한다. (expert recommendations)

ANSWERS
1. Buying a used car has its **pros and cons**.
2. Most successful people seem to **have good timing**.
3. We didn't speak to each other for **quite a while**.
4. I try to ignore **expert recommendations**.

PATTERNS PRACTICE

입이 트이는 영어 핵심 패턴

180

본문의 핵심 패턴 180개를
말하기 연습용으로 모아두었습니다.
한글을 보고 영어로 바로 말하는,
순간 말하기 훈련에 활용해보세요.

CHAPTER 1

HEALTH 건강

Staying Healthy 건강 유지

001   work out 운동하다

나는 최대한 자주 운동을 하려고 한다.	I try to **work out** as often as I can.
예전에 운동을 많이 했었다.	I used to **work out** a lot in the past.
매일 운동하는 것은 쉬운 일이 아니다.	It's hard to **work out** every day

002   eat well and properly 제대로 잘 먹다

나는 제대로 잘 먹으려고 노력한다.	I try to **eat well and properly**.
네가 정말 음식을 좀 제대로 잘 먹어야 한다고 생각해.	I think you should really **eat well and properly**.
어머니께서는 항상 식사를 제대로 잘 하라고 말씀하셨다.	My mother always told us to **eat well and properly**.

003   stay positive 긍정적으로 생각하다

나는 항상 긍정적인 마음을 가지려고 노력한다.	I always try to **stay positive**.
항상 긍정적으로 생각하는 것은 쉽지 않다.	It's not always easy to **stay positive**.
어떻게 항상 그렇게 긍정적으로 생각하죠?	How do you **stay positive** all the time?

Healthy Eating Habits 건강한 식습관

004   health-conscious 건강을 의식하는

사람들은 예전에 비해서 더 건강을 신경 쓰는 경향이 있다.	People have become more **health-conscious** than in the past.
우리 어머니는 내가 어렸을 때 건강을 많이 신경 쓰셨다.	My mom used to be very **health-conscious** when I was a kid.
나는 건강을 더 신경 쓰려고 노력하고 있다.	I'm trying to become more **health-conscious**.

005   opt for ~을 선호하다

어떤 사람들은 가공식품보다는 무첨가 식품을 선호한다.	Some people **opt for** whole foods as opposed to processed foods.
어떤 학생들은 진로상으로 더 유리해서 경영학 전공을 선호한다.	Some students **opt for** a business major due to better career prospects.
나는 후자 쪽을 선호한다.	I would **opt for** the latter.

006   be more likely to ~할 가능성이 더 높다

건강식이 있으면 사람들을 충성도가 높은 고객으로 만들 가능성이 높다.	People **are more likely to** become loyal customers if they have healthy options.
그는 이제 더 열심히 노력할 가능성이 높다.	He **is more likely to** try harder now.
그녀는 싫다고 할 가능성이 더 높다.	She **is more likely to** say no.

Medical Check-ups 건강 검진

007 **in-depth test** 정밀 검사

그 다음에는 조금 더 정밀한 검사들이 이루어졌다.	Next, more **in-depth tests** took place.
무엇이 문제인지 찾아내기 위해 정밀 검사가 필요했다.	I needed an **in-depth test** to find out what was wrong.
정밀 검사 없이도 그녀가 아프다는 것을 알 수 있었다.	I could tell she was sick, even without any **in-depth tests**.

008 **get an endoscopy** 내시경 검사를 받다

내시경 검사를 받기 전에 화장실에 갔다.	I went to the bathroom before **getting an endoscopy**.
내시경 검사를 받기 전날 밤에는 뭘 먹으면 안 된다.	You shouldn't eat anything the night before you **get an endoscopy**.
내시경 검사를 받아서 목이 아팠다.	My throat hurt because I had **gotten an endoscopy**.

009 **move one's bowels** 대변을 보다

배변을 유도하는 약을 먹었다.	I took medicine to help **move my bowels**.
대변을 보기가 힘들면 차가운 물을 마셔봐.	If you can't **move your bowels**, try drinking some cold water.
대변을 본 지 사흘이나 됐다.	I haven't **moved my bowels** in three days.

Personal Hygiene 개인위생

010 **without even thinking about it** 무의식적으로

사람들이 자기도 모르게 코나 입을 만지게 된다.	People often touch their nose or mouth **without even thinking about it**.
나도 모르게 팔을 긁었다.	I scratched my arm **without even thinking about it**.
무의식적으로 그것을 버려버리고 말았다.	I threw it away **without even thinking about it**.

011 **spread germs** 병균을 퍼뜨리다

얼굴을 만지면 호흡기에 병균이 옮겨지게 된다.	Touching one's face **spreads germs** to the respiratory system.
병균을 퍼뜨리지 않게 손을 잘 씻도록 해.	You should wash your hands well to prevent **spreading germs**.
사람들은 본인도 모르게 병균을 퍼뜨릴 수도 있다.	People can **spread germs** without even knowing it.

012 **an integral part of** 중요한/핵심 부분

손 씻기는 질병 예방의 아주 핵심 역할을 한다.	Washing your hands is **an integral part of** preventing disease.
보고서 중 서론은 아주 핵심 부분이다.	The introduction is **an integral part of** the report.
이 장면은 영화에서 아주 중요한 부분이다.	This scene is **an integral part of** the movie.

Weight Control 체중 조절

013 the leading cause of ~의 주요 원인

과체중은 여러 만성 질환의 주요 원인 중 하나이다.	Being overweight is **the leading cause of** chronic illnesses.
과속은 교통사고의 주된 원인이다.	Speeding is **the leading cause of** traffic accidents.
흡연은 폐암의 주된 원인이다.	Smoking is **the leading cause of** lung cancer.

014 watch what you eat 식단 조절을 하다

체중을 유지하기 위해서는 식단을 조절하는 것이 중요하다.	To control your weight, it's important to **watch what you eat**.
이제 나이가 들었으니, 식단 조절을 더 꼼꼼히 해야 된다.	Now that you are older, you need to **watch what you eat** more.
여행을 하면서는 식단 조절을 하기가 힘들다.	It's hard to **watch what you eat** while traveling.

015 burn calories 열량을 소모하다

운동을 통해 열량 소모를 해야 살이 찌지 않는다.	You should **burn calories** by exercising to avoid weight gain.
조깅은 열량을 소모할 수 있는 좋은 방법이다.	Jogging is a great way to **burn calories**.
운동을 안 하면 효과적으로 열량을 소모할 수 없다.	You can't **burn calories** effectively if you do not work out.

Dental Care 치아 관리

016 bad breath 입 냄새

치아 상태가 좋지 않으면 입 냄새가 날 수도 있다.	Unhealthy teeth can also cause **bad breath**.
소개팅 때 입 냄새가 나면 안 되잖아.	I can't have **bad breath** on a blind date.
입 냄새가 나는 것은 염증 때문이었다.	My **bad breath** was caused by an infection.

017 take good care of ~을 잘 관리하다

이처럼 여러 가지 이유로 치아 관리는 매우 중요하다.	For all of these reasons, it's important to **take good care of** your teeth.
관리만 잘 해주면 아주 오래 쓸 수 있을 것이다.	It will last a long time, if you **take good care of** it.
그녀의 애완견을 잘 보살펴주겠다고 약속했다.	I promised to **take good care of** her dog.

018 get one's teeth cleaned 스케일링을 받다

치석을 제거하는 스케일링을 가장 흔하게 한다.	I usually **get my teeth cleaned** to remove plaque.
스케일링을 받는 데 비용이 많이 들지 않는다.	It doesn't cost much to **get my teeth cleaned**.
매년 두 번씩 스케일링을 받는다.	I **get my teeth cleaned** twice a year.

Eyesight and Eye Conditions 시력과 안구 질환

019   **poor eyesight/bad vision** 나쁜 시력

나는 시력이 상당히 안 좋은 편이다.	I have **poor eyesight**.
시력이 너무 안 좋아서 운전을 할 수 없다.	I can't drive because of my **bad vision**.
시력이 워낙 나빠서 안경이 두껍다.	I have thick glasses because of my **poor eyesight**.

020   **rest one's eyes** 눈을 쉬게 하다

어디 나가지 않는 날은 눈을 쉬게 해주려고 안경을 낀다.	When I don't go out, I wear glasses to **rest my eyes**.
눈만 좀 쉬게 할 계획이었는데 잠들고 말았다.	I was only going to **rest my eyes**, but I fell asleep.
일을 할 때는 최소한 한 시간에 한 번씩 눈을 쉬게 한다.	I **rest my eyes** at least once an hour when I work.

021   **20/20 vision** 매우 좋은 시력

눈이 좋았으면 참 좋겠다.	I would like to have **20/20 vision**.
어릴 때는 시력이 아주 좋았다.	I used to have **20/20 vision** when I was younger.
시력이 완벽해진 것은 아니지만, 분명 나아졌다.	I didn't get **20/20 vision**, but my eyesight definitely got better.

Back Problems 허리 증세

022   **chronic back pain** 만성 요통

만성 요통은 정상적인 생활을 불가능하게 만들 수도 있다.	**Chronic back pain** can make it impossible to live normally.
요즘은 만성 요통이 있는 사람이 많다.	Many people have **chronic back pain** these days.
만성 요통 때문에 약을 먹어야 했다.	I had to take medicine because of **chronic back pain**.

023   **maintain good posture** 바른 자세를 유지하다

가장 중요한 것은 늘 바른 자세를 유지하는 것이다.	The most important thing is to **maintain good posture** at all times.
발레를 배우면 바른 자세를 유지하는 데 도움이 된다.	Learning ballet helps people **maintain good posture**.
노트북 컴퓨터를 사용할 때는 바른 자세를 유지하기 힘들다.	**Maintaining good posture** is difficult when using a laptop.

024   **slouch over** 구부정한 자세를 하다

일부 사람들은 의자에 앉을 때, 구부정한 자세로 앉는다.	Some people **slouch over** when they sit in a chair.
사람들은 피곤하면 구부정한 자세를 하는 경우가 많아진다.	People **slouch over** more when they are tired.
나는 컴퓨터를 구부정한 자세로 사용하는 경우가 많다.	I often **slouch over** when I use my computer.

025   **lifestyle habits**   생활 습관

이러한 생활 습관이 어깨 결림의 원인이다.	These **lifestyle habits** are the causes of stiff shoulders.
대부분의 성공한 사람은 생활 습관이 좋다.	Most successful people have good **lifestyle habits**.
대부분의 사람들에게 생활 습관이란 고치기가 힘들다.	For most people, **lifestyle habits** are hard to change.

026   **go on**   지속되다

때로는 어깨 결림이 오랫동안 지속될 수도 있다.	Sometimes, a stiff shoulder can **go on** for a long time.
소음이 지속되었지만 신경 쓰지 않으려고 했다.	The noise **went on**, but I tried to ignore it.
수업이 끝도 없이 지속되는 것만 같았다.	The lecture seemed to **go on** forever.

027   **severe pain**   극심한 통증

이것은 극심한 통증으로 이어질 수 있다.	This can lead to **severe pain**.
나는 극심한 통증 때문에 진통제를 복용해야 했다.	I had to take painkillers due to the **severe pain**.
일부 환자들은 극심한 복부 통증을 느낀다.	Some patients have **severe pain** in their stomach.

028   **have come a long way**   크게 발전하다

의학 기술이 많이 발전했다.	Medical technology **has come a long way**.
그는 이곳에서 5년간 일하면서 많이 발전했다.	He **has come a long way** in the five years he has worked here.
90년대 이후로 컴퓨터 기술은 크게 발전했다.	Computer technology **has come a long way** since the 90s.

029   **pay closer attention (to)**   (~에) 더 집중하다/신경을 쓰다

건강에 정말 더 신경을 써야 한다.	People should really **pay closer attention to** their health.
더 집중을 하려고 했지만, 너무 시끄러웠다.	I tried to **pay closer attention**, but it was too noisy.
우리 아이들에게 신경을 더 많이 쓰는 편이다.	I **pay closer attention to** my kids.

030   **come as a shock**   큰 충격이다

암 선고가 환자 본인에게 주는 충격은 작지 않다.	A cancer diagnosis will **come as a shock** to the patient.
내가 계속 경고를 했기 때문에 이건 충격적일 것도 없다.	I've been warning you, so this shouldn't **come as a shock**.
그 소식을 접하고 모두가 큰 충격을 받았다.	The news **came as a shock** to everyone.

Public Transportation 대중교통

031   world class   세계 최고 수준

한국의 대중교통은 세계 최고 수준이다.	The public transportation in Korea is **world class**.
그 회사에서 생산하는 제품들은 세계 최고 수준이다.	The products made by the company are **world class**.
음식은 세계 최고 수준이지만, 매우 비싸다.	The food is **world class**, but it's very expensive.

032   find one's way   찾아가다

거의 모든 지역을 지하철을 통해 갈 수 있다.	You can **find your way** almost anywhere using the subway.
찾아가지 못하겠으면 그냥 도움을 청해.	If you can't **find your way**, just ask for help.
어디든 찾아갈 때 이 앱을 사용해서 길을 잃지 않았다.	I used this app to **find my way** everywhere, so I never got lost.

033   downtown area   도심 지역

일부 버스는 도심 지역에서만 운행된다.	Some buses only run in **downtown areas**.
도심 지역에서는 주차를 하기가 힘들다.	It's hard to park in the **downtown area**.
많은 젊은이들은 주말에 도심 지역으로 향한다.	Many young people head to **downtown areas** on weekends.

Subway 지하철

034   the full package   다방면으로 우수한 것

지하철 체계는 다방면으로 우수하다.	The subway system is **the full package**.
이 신형 전화기는 다방면으로 우수하다.	This new phone is **the full package**.
이 세탁기와 건조기는 다방면으로 우수하다.	The washer and the dryer are **the full package**.

035   be all over the place   어디에나 있다

어디에 가든 지하철역이 있다.	Subway stations **are all over the place**.
한국에는 어딜 가나 커피숍이 하나쯤은 있다.	Coffee shops **are all over the place** in Korea.
봄철에는 어디에나 꽃이 피어 있다.	In the spring seasons, flowers **are all over the place**.

036   get lost   길을 잃다

길을 잃을 가능성은 희박하다.	It's unlikely that you will **get lost**.
나는 운전을 하다가 길을 자주 잃는다.	I **get lost** all the time when I drive.
길을 잃어서 거기까지 가는 데 시간이 제법 걸렸다.	It took me a while to get there because I **got lost**.

Taxis 택시

037 speak highly of 칭찬하다, 높게 평가하다

외국 관광객들은 한국 택시에 대해 칭찬을 하는 경우가 많다.	Foreign tourists often **speak highly of** taxis in Korea.
부모들은 대부분 자식들을 높이 평가한다.	Most parents **speak highly of** their kids.
친구들이 그 음식점을 극찬했다.	My friends **spoke highly of** that restaurant.

038 hail a cab 택시를 잡다

특정 시간대에 택시를 잡는 것이 힘들었던 시절도 있었다.	It was hard to **hail a cab** at certain hours of the day.
앱을 이용하면 택시 잡는 것이 매우 쉽다.	**Hailing a cab** is easy if you use an app.
어느 지역에서든 택시를 잡기가 어렵지 않다.	It is not hard to **hail a cab** in almost all neighborhoods.

039 charge a higher rate 할증/추가 요금을 부과하다

택시들은 자정부터 할증 요금을 부과한다.	Taxis **charge a higher rate** from midnight.
호텔들은 성수기 때 더 높은 숙박료를 적용한다.	Hotels **charge a higher rate** during the peak season.
추가 서비스에 대해서는 주로 추가 요금을 부과한다.	They usually **charge a higher rate** for the additional service.

Airlines 항공사

040 collect frequent flyer miles 마일리지를 적립하다

마일리지 적립도 더 쉽다.	It's also easier to **collect frequent flyer miles**.
내년에 휴가를 가려고 마일리지를 적립하고 있다.	I am **collecting frequent flyer miles** to go on a vacation next year.
마일리지를 적립하기에는 이 신용 카드가 제일 좋다.	This is the best credit card for **collecting frequent flyer miles**.

041 do away with 없애다

저비용 항공사는 불필요한 서비스를 생략하는 항공사이다.	Low cost carriers are airlines that **do away with** unnecessary services.
커피숍들은 플라스틱 빨대를 없애야 된다.	Cafés should **do away with** plastic straws.
TV를 없애버린 것을 후회하지 않는다.	I don't regret **doing away with** our TV.

042 make do without ～없이 지내다/만족하다

대부분의 승객들은 이러한 서비스를 기꺼이 포기한다.	Most passengers don't mind **making do without** these services.
요즘은 스마트폰 없이 지내기가 쉽지 않다.	It's hard to **make do without** a smartphone these days.
그들은 스타 선수 없이 경기를 해야 했다.	They had to **make do without** their star player.

Air Travel 항공편 이용

043   **carry-on suitcase**   기내 휴대용 가방

짐칸에 기내 휴대용 가방을 넣었다.	I put my **carry-on suitcase** in the overhead bin.
짧은 여행에는 기내 휴대용 가방만 있으면 된다.	I only need my **carry-on suitcase** for a short trip.
기내 휴대용 가방의 바퀴가 고장 났다.	The wheel on my **carry-on suitcase** is broken.

044   **buckle up**   안전벨트를 매다

자리에 앉아 안전벨트를 맸다.	I sat down and **buckled up**.
운전할 때 항상 안전벨트를 매야 한다.	You should always **buckle up** when you drive.
뒷좌석에 앉아도 안전벨트를 매주세요.	Please **buckle up**, even if you are in the back seat.

045   **take off**   이륙하다

곧 비행기가 이륙했다.	Soon, our plane **took off**.
비행기가 이륙하기 전에 전화기 전원을 껐다.	I turned off my phone before the plane **took off**.
비행기가 이륙하기 전에 뭐 먹을 시간이 있나요?	Do we have time to eat before the plane **takes off**?

046   eating habits 식습관

식습관을 바꾸기로 결심했다.	I decided to change my **eating habits**.
살을 빼려면 식습관을 먼저 고쳐야 한다.	To lose weight, you need to first change your **eating habits**.
나는 식습관이 아주 나빴었는데, 지금은 건강식을 먹으려고 노력한다.	I used to have terrible **eating habits**, but now I try to eat healthy foods.

047   be in season 제철이다

가급적 제철 과일을 먹으려고 한다.	I try to eat fruits that **are in season**.
과일은 제철일 때가 가장 맛이 좋다.	Fruits taste the best when they **are in season**.
대게가 지금 제철이다.	Snow crabs **are in season** right now.

048   be rich in nutrients 영양가가 높다

영양가가 높은 음식을 먹으려고 노력한다.	I try to eat foods that **are rich in nutrients**.
한국 요리는 영양가가 높은 재료를 많이 사용한다.	Korean dishes use lots of ingredients that **are rich in nutrients**.
이 음료는 영양가는 높지만 맛이 그리 좋지는 않다.	This drink **is rich in nutrients**, but it doesn't taste very good.

049   whip up ~을 간단하게 조리하다

국이나 찌개 정도는 금방 만들 수 있다.	I can **whip up** soups and stews quickly.
우리는 외출을 하기에는 너무 피곤해서 내가 간단하게 국수를 조리했다.	We were too tired to go out, so I **whipped up** some noodles.
냉장고에 무엇이 있든 그것으로 간단하게 요리를 할 수 있다.	I can **whip something up** using whatever is in the refrigerator.

050   a change of pace 새로운 것

새로운 것을 시도해보고 싶을 때는 인터넷에 검색을 해보면 도움이 된다.	When I want **a change of pace**, it helps to search online.
그 휴가가 나에게는 색다른 경험이었다.	The vacation was **a change of pace** for me.
새로운 것을 먹어 보기 위해 다른 음식점에 가봤다.	We went to a different restaurant for **a change of pace**.

051   from scratch 처음부터

나는 간단한 반찬들은 처음부터 직접 만들어 먹는다.	I can make simple dishes **from scratch**.
이거 처음부터 네가 만든 거니?	Did you make this **from scratch**?
이것을 네가 처음부터 만들었다는 것이 믿어지지 않는다.	I can't believe you made this **from scratch**.

Snacks 간식

052 **get the munchies** 출출하다, 입이 심심하다

출출할 때 사람들이 자주 먹는 간식에는 견과류도 있다.	People also eat nuts a lot when they **get the munchies**.
밤 늦게 출출해지는 경우가 많다.	I often **get the munchies** late at night.
군것질을 하고 싶을 때마다 대신 물을 마신다.	Whenever I **get the munchies**, I drink water instead.

053 **fly off the shelves** 날개 돋친 듯이 팔리다

요즘에는 천연 간식들도 큰 인기를 끌고 있다.	All-natural snacks are also **flying off the shelves** these days.
이 휴대폰은 현재 불티나게 팔리고 있다.	This phone is currently **flying off the shelves**.
그의 신규 앨범이 엄청 잘 팔리고 있다.	His new album is **flying off the shelves**.

054 **whenever I get the chance** 기회가 될 때마다

시간이 날 때마다 운동을 하려고 노력한다.	I try to exercise **whenever I get the chance**.
기회가 될 때마다 부모님께 연락을 한다.	I call my parents **whenever I get the chance**.
나는 틈이 날 때마다 일어나서 스트레칭을 한다.	I stand up and stretch **whenever I get the chance**.

Ice Cream 아이스크림

055 **get a craving for** ~을 강하게 원하다

여름에는 아이스크림이 강하게 당기는 경우가 많다.	I often **get a craving for** ice cream in the summer.
날씨가 많이 더워서 냉면을 먹고 싶었다.	It was very hot, and I **got a craving for** cold noodles.
늦은 저녁 시간에 치킨이 당길 때가 있다.	I **get a craving for** fried chicken late at night.

056 **be high in calories** 열량이 높다

아이스크림은 열량이 높다.	Ice cream **is high in calories**.
다이어트 중일 때는 열량이 높은 음식을 피한다.	When I'm on a diet, I avoid foods that **are high in calories**.
치킨을 정말 좋아하지만, 열량이 높다.	I love fried chicken, but it **is high in calories**.

057 **eat a moderate amount** 적당량을 섭취하다

적당량을 먹는 것이 좋다.	It's best to **eat a moderate amount**.
뷔페에서는 적당량만을 먹기가 힘들다.	It's hard to **eat a moderate amount** at a buffet.
체중을 줄이고 싶으면, 적당량을 먹어야 한다.	If you want to lose weight, you should only **eat a moderate amount**.

Beverages 음료

058   there's no better way than to ～이 가장 좋은 방법이다

물을 많이 마시는 것보다 좋은 방법은 없다.	**There's no better way than to** drink plenty of water.
거기에 빨리 가려면 지하철을 타는 것이 가장 좋다.	To get there quickly, **there's no better way than to** take the subway.
실력을 늘리기 위해서는 연습하는 것보다 나은 방법이 없다.	To get better, **there's no better way than to** practice.

059   ward off drowsiness 졸음을 방지하다

카페인을 섭취하면 잠이 오는 것을 막을 수 있다.	Getting some caffeine helps to **ward off drowsiness**.
졸음을 방지하려고 가끔씩 일어나서 스트레칭을 한다.	I sometimes stand up and stretch to **ward off drowsiness**.
졸음을 방지하기 위해서는 쉬는 것이 가장 좋은 방법이다.	The best way to **ward off drowsiness** is to get some rest.

060   get one's fill of ～을 충분히 섭취하다

충분한 비타민 섭취는 피로감을 느끼지 않게 해주는 것 같다.	**Getting my fill of** vitamins seems to prevent fatigue.
식당에서 모두가 고기를 마음껏 먹었다.	Everyone **got their fill of** meat at the restaurant.
캠핑을 가서 맑은 공기를 충분히 마셨다.	I **got my fill of** fresh air during my camping trip.

Alcohol 술

061   grab a couple of drinks 술을 가볍게 마시다

친구들과 만나면 보통 술을 몇 잔 하곤 한다.	My friends and I normally **grab a couple of drinks** when we meet up.
우리는 어젯밤에 술을 가볍게 마셨다.	We **grabbed a couple of drinks** last night.
술집에 가서 술 가볍게 마시자.	Let's go to a bar and **grab a couple of drinks**.

062   sober up faster 술이 더 빨리 깨다

숙취 해소 음료들이 술을 빨리 깨도록 해준다.	Hangover relief drinks help people **sober up faster**.
왠지는 모르겠지만 오늘은 술이 빨리 깼다.	I don't know why but I **sobered up faster** today.
이게 술이 빨리 깨는 데 도움이 될 것이다.	It will help you **sober up faster**.

063   get less drunk 덜 취하다

숙취 해소 음료는 술에 덜 취하게 해준다.	Hangover relief drinks help people **get less drunk**.
오늘 따라 내가 덜 취한 것 같다.	I think I **got less drunk** today.
어떤 사람들은 우유를 마시면 덜 취한다고 한다.	Some people say that drinking milk helps you **get less drunk**.

DAY 22   Eating at a Restaurant 음식점 식사

064   on one's own   스스로

어디 앉을지 내가 스스로 정하는 경우도 있다.	I sometimes decide where to sit **on my own**.
내가 스스로 할 수 있을 때가지 그녀가 도와줬다.	She helped me until I could do it **on my own**.
더 잘하고 싶으면 스스로 해봐야 된다.	You have to try it **on your own** if you want to get better.

065   dig in   식사하다, 식사를 시작하다

음식이 나오면 먹기 시작한다.	When the food comes out, I start to **dig in**.
모두가 도착할 때까지 식사를 시작하지 않았다.	We didn't **dig in** until everyone arrived.
곧바로 먹고 싶은데, 먼저 손을 씻어야 한다.	I want to **dig in** right away, but I have to wash my hands first.

066   pay for one's meal   식사 비용을 지불하다

다 먹고 나면 계산대로 다가가서 식사 비용을 지불한다.	After I eat, I go up to the counter and **pay for my meal**.
나는 회사 식당에서 밥을 먹으면 식사 비용을 지불하지 않아도 된다.	I don't have to **pay for my meal** if I eat at the company cafeteria.
우리는 주로 자기 밥값은 스스로 낸다.	We usually **pay for our own** meals.

DAY 23   Things We Consider about Restaurants 음식점 고려 요인

067   mouth-watering   맛있는, 먹음직스러운

우리는 맛있는 음식을 차려 내는 음식점에서 식사를 하고 싶어 한다.	We want to eat at restaurants that serve **mouth-watering** food.
워낙 배가 고파서 뭐든 다 먹음직스럽게 보였다.	Everything looked **mouth-watering** because I was so hungry.
이렇게 짧은 시간에 어떻게 이렇게 맛있는 음식을 만들었어요?	How did you cook such a **mouth-watering** dish in such a short time?

068   take into account   염두에 두다, 감안하다

또한 음식점의 서비스가 어떤지도 꼭 보게 된다.	I also **take into account** the quality of service at a restaurant.
출발할 때 교통 상황을 감안하는 것이 좋다.	You should **take into account** the traffic when you leave.
우리는 필요한 재료를 감안한다.	We **take into account** the ingredients we need.

069   be of no use   무용지물이다

아무리 맛있는 음식도 가격이 너무 비싸면 무용지물이다.	Even delicious food **is of no use** if it's too pricey.
제시간에 끝마치지 못하면 우리 노력이 물거품이 될 것이다.	All our work will **be of no use** if we can't finish on time.
카메라 배터리가 방전돼서 무용지물이었다.	My camera **was of no use** because the battery was dead.

Food Delivery 음식 배달

070   it's safe to say 과언이 아니다

한국에서는 거의 모든 음식을 배달시킬 수 있다고 해도 과언이 아니다.	**It's safe to say** that almost any type of food can be delivered in Korea.
한국이 세계의 기술 선도 주자라고 해도 과언이 아니다.	**It's safe to say** that Korea is one of the world's technology leaders.
그녀가 반에서 가장 재능 있는 학생임이 분명하다.	**It's safe to say** that she is the most talented student in the class.

071   have food delivered 음식을 배달시키다

하루 언제든 음식을 배달시켜 먹을 수 있다.	You can **have food delivered** at any time of the day.
음식을 얼마나 자주 배달시켜 먹니?	How often do you **have food delivered**?
우리 그냥 음식 배달시켜 먹는 것이 좋을 것 같다.	I think we should just **have food delivered**.

072   a hassle 번거로운 일, 귀찮은 일

음식 배달시켜 먹는 것이 훨씬 덜 번거롭다.	It's much less of **a hassle** to order in.
처음에는 귀찮게 느껴졌지만, 익숙해졌다.	It felt like **a hassle** at first, but I got used to it.
조금 귀찮기는 한데, 다른 방법이 없다.	It is a bit of **a hassle**, but there is no other way.

Changes in Restaurants 음식점 변화

073   home-cooked meal 집밥

사람들은 직접 음식을 해먹을 시간이 없는 경우가 있다.	Sometimes, people don't have time to make a **home-cooked meal** themselves.
음식점에서 하는 그 어떤 요리도 집밥보다는 못하다.	No dish at a restaurant tastes as good as a **home-cooked meal**.
정말 오랜만에 집밥을 먹었다.	I had my first **home-cooked meal** in a long time.

074   eat out 나가 먹다, 외식하다

사람들은 예전에 비해 나가 먹거나 시켜 먹는 빈도가 높아졌다.	People **eat out** or order in more often than in the past.
저녁 나가서 자주 먹니?	Do you **eat out** for dinner often?
가족들과 일주일에 평균 최소한 한 번은 외식을 한다.	I **eat out** with my family at least once a week on average.

075   order delivery 배달 음식을 시키다

사람들은 음식을 배달시킬 때 본인 건강 생각을 한다.	People think about their health when they **order delivery**.
음식을 얼마나 자주 시켜 먹니?	How often do you **order delivery**?
나는 음식 시켜 먹는 것을 그다지 좋아하지 않아.	I don't really like to **order delivery**.

076   take ~ out for dinner   ~와 저녁 먹으러 가다

지난 주말에 아이들과 외식을 하러 나갔다.	I **took my children out for dinner** last weekend.
내일 그녀에게 저녁 식사 대접을 할까 한다.	I plan to **take her out for dinner** tomorrow.
동료들 데리고 가서 저녁 한번 살 예정이다.	I'm **taking my co-workers out for dinner**.

077   have the best ~ in town   근처에서 ~을 가장 잘하다

한우를 가장 맛있게 하는 집이다.	They **have the best** *hanwoo* **in town**.
이 근처에서 거기 파스타는 최고다.	They **have the best pasta in town**.
이 음식점의 프렌치 프라이가 최고인 것 같다.	I think this restaurant **has the best French fries in town**.

078   taste extra good   더욱/유난히 맛있다

배가 고파서 음식들이 더욱 맛있었다.	The food **tasted extra good** because we were starving.
운동 후에 저녁을 먹으면 더욱 맛이 있다.	Dinner **tastes extra good** when I eat after exercising.
이 드레싱을 뿌리면 샐러드가 더 맛있을 것이다.	The salad will **taste extra good** with this dressing.

CHAPTER 5

SCHOOL LIFE 학교 생활

DAY 27 Academic System 학년 편제

079 turn 7 years old 만 7세가 되다

한국의 어린이들은 만 7살이 되면 초등학교에 입학한다.	Children start elementary school when they turn 7 years old.
내 딸은 오늘로 만 7세가 되었다.	My daughter turned 7 years old as of today.
나는 만 7세가 되었을 때 수영을 배우기 시작했다.	I started to learn how to swim when I turned 7 years old.

080 attend ~에 다니다, 참석하다

그들은 초등학교를 6년간 다닌다.	They attend six years of elementary school.
내 남편과 나는 결혼식에 참석해야 했다.	My husband and I had to attend a wedding.
나는 매주 일요일에 교회에 다닌다.	I attend church every Sunday.

081 academic year 학사 년도

학사 년도는 3월에 시작된다.	The academic year starts in March.
너희 나라에서는 학사 년도가 언제 시작하니?	When does the academic year begin in your country?
학교들은 연초에 학사 년도 일정을 계획한다.	Schools plan the upcoming academic year at the beginning of the year.

DAY 28 School Year 학사 일정

082 drag one's feet 늑장을 부리다, 마지못해 하다

일부 학생들은 마지못해 학교로 돌아간다.	Some students go back to school dragging their feet.
늑장 부리면 일이 끝나지 않을 것이다.	Dragging your feet won't finish the work.
그는 늑장을 부려서 우리 모두를 지연시켰다.	He delayed all of us because he dragged his feet.

083 with bells on 열정적으로, 기꺼이

신이 나서 가는 학생들도 있다.	Other students go with bells on.
우리는 기꺼이 그들을 기다렸다.	We waited for them with bells on.
그들은 열정적으로 일찍부터 일어났다.	They woke up early with bells on.

084 grind 힘겨운 과정

몇 달간은 힘든 과정이다.	It's a grind for a few months.
그 수업은 힘들었다.	The class was a grind.
성공은 힘겨운 과정 후에 왔다.	Success came after the grind.

Memories of a New Semester 새 학기에 대한 추억

085 **break-in period** 적응 기간

여러 가지가 낯설어서, 첫 일주일간은 적응 기간이었다.

The first week was a **break-in period** since everything seemed unfamiliar.

적응 기간 동안에는 내게 쉬운 일만 주어졌다.

During the **break-in period**, I was only given easy work.

편한 신발이지만, 적응 기간이 필요하다.

The shoes are comfortable, but they need a **break-in period**.

086 **get attached to** ~와 정들다

정들었던 친구들과 다른 반이 되었다.

I was in a different class from friends that I had **gotten attached to**.

이거 버려야 되는데, 너무 정들어 버렸다.

I should throw it away, but I've **gotten attached to** it.

때로는 다투는 사람들과 정이 들기도 한다.

People sometimes **get attached to** people they argue with.

087 **sign up for classes** 수강 신청을 하다

나는 아침 일찍 수강 신청을 해야 했다.

I had to **sign up for classes** early in the morning.

아침에 일찍 일어나서 수강 신청을 해야 했다.

I had to wake up early to **sign up for classes**.

수강 신청을 해야 하는 기간이 있었다.

There was a period during which we had to **sign up for classes**.

Elementary School 초등학교

088 **if they so choose** 그들이 원한다면

부모가 원할 경우, 한 살 먼저 혹은 한 살 늦게 입학을 할 수도 있다.

Parents can send their child to school a year earlier or later, **if they so choose**.

학생들이 원한다면 수업에 노트북을 휴대하고 들어갈 수 있다.

Students can bring laptops to the class, **if they so choose**.

그들이 원한다면 음식을 시켜 먹어도 돼.

They can order in, **if they so choose**.

089 **turn in an application** 지원서를 제출하다

사립 초등학교의 경우, 지원서를 제출해야 한다.

For private elementary schools, people have to **turn in an application**.

지원서를 제출하긴 했는데, 합격할 것 같지는 않다.

I **turned in an application**, but I don't think I will be accepted.

지원서를 제출하기에 앞서 나는 시험을 봐야 했다.

I had to take a test before **turning in an application**.

090 **free of charge** 무료로

학교에서 점심을 무료로 제공해준다.

Lunch is provided by the schools **free of charge**.

그들이 무료로 샘플을 나눠줬다.

They offered samples **free of charge**.

공원에서 무료로 자전거를 빌릴 수 있다.

You can borrow a bicycle at the park **free of charge**.

Applying for College 대학 입시

091 **be accepted to college** 대학에 합격하다

대학 진학은 대부분 한국 학생들의 목표다.

Being accepted to college is a goal for most students in Korea.

대학에 합격한 날은 내 인생에서 가장 행복한 날이었다.

My happiest day was when I **was accepted to college**.

대학에 합격하는 것만이 인생의 전부만은 아니다.

Being accepted to college is not all there is in life.

092 **apply for college** 대학에 지원하다

대학에 지원하는 방법은 크게 두 가지이다.

There are two main ways to **apply for college**.

대학에 지원할 때는 여러 가지 사항을 고려해야 한다.

You should consider many things when you **apply for college**.

대학 지원은 많은 학생에게 스트레스를 안겨준다.

Applying for college causes stress for many students.

093 **be judged on** ~을 기준으로 평가 받다

학생들은 크게 두 가지 사항을 기준으로 평가를 받는다.

Students **are judged on** two main factors.

평가는 내용과 문법을 기준으로 이루어진다.

You will **be judged on** content and grammar.

음식점들은 음식과 서비스 모두를 기준으로 평가 받는다.

Restaurants **are judged on** both food and service.

School Teachers 학교 교사

094 **what ~ want to be** ~의 장래 희망

그것은 많은 청소년들의 장래 희망이기도 하다.

It's **what a lot of young people want to be** when they grow up.

어릴 때는 커서 의사가 되고 싶었었다.

A doctor is **what I wanted to** be when I was younger.

장래 희망이 뭔지에 따라 전공을 고르는 것이 좋다.

You should choose your major based on **what you want to be**.

095 **look up to** 존경하다

학내에서 교사는 존경을 받는다.

Teachers are **looked up to** at school.

나이가 들수록 부모님이 점점 더 존경스럽다.

As I grow older, I **look up to** my parents more and more.

아이들이 나를 존경할 수 있으면 좋겠다.

I want my children to **look up to** me.

096 **a sense of duty** 사명감

학교 교사는 사명감 없이는 하기 힘든 직업이다.

It's hard to be a teacher without feeling **a sense of duty**.

딱히 사명감이 있어서 하는 것은 아니다.

It's not something that I do out of **a sense of duty**.

아주 어렵지만, 사명감 때문에 하고 있다.

It's very difficult, but I do it because of **a sense of duty**.

School Reunions 학교 동문회

097   chew the fat 수다를 떨다

사람들은 동문회에서 수다를 떤다.	People **chew the fat** together at school reunions.
커피숍은 수다를 떨기에 좋은 장소이다.	A coffee shop is a good place to **chew the fat**.
퇴근 후 수다를 떨기 위해 친구들을 만났다.	I met with friends after work to **chew the fat**.

098   fall out of touch 연락이 끊기다

연락이 끊긴 후에도 옛 친구를 만나면 항상 좋다.	It's always good to see old friends, even after **falling out of touch**.
한때는 절친한 친구였지만, 연락이 끊기고 말았다.	We used to be best friends, but we **fell out of touch**.
사람들은 이사를 하며 친구들과 연락이 끊기는 경우가 많다.	People often **fall out of touch** with friends when they move.

099   touch base with ~와 만남을 가지다

동창들과 서로 만나기가 쉬워졌다.	It's become easier to **touch base with** alumni.
엄마께 자주 전화를 걸어 만나 뵙는다.	I call my mom often to **touch base with** her.
더 진행하기 전에 상사에게 직접 보고를 하는 것이 좋겠다.	I should **touch base with** my boss before I go further.

CHAPTER 6

SERVICE 서비스

DAY 34 **New Cell Phone 휴대 전화 개통**

100 be not used to ~에 익숙하지 않다

처음에는 새로운 기능들이 익숙하지가 않았다.	I **was not used to** the new features at first.
그녀는 혼자 있는 것에 익숙하지 않다.	She **is not used to** being alone.
나는 혼자서 여행하는 것에 익숙하지 않다.	I **am not used to** travelling by myself.

101 make a lot of typos 오타를 많이 내다

기판도 익숙하지 않았기 때문에, 오타도 많이 났다.	I was not used to the keypad, so I **made a lot of typos**.
오타가 많이 나면 정말 싫다.	I hate it when I **make a lot of typos**.
오타 많이 내지 않도록 해봐.	Try not to **make a lot of typos**.

102 take ~ a full week to ... ~가 …하는 데 꼬박 일주일이 걸리다

새 휴대 전화에 익숙해지는 데 꼬박 일주일 정도 걸렸다.	It **took me a full week to** get used to my new phone.
새로운 차에 익숙해지는 데 꼬박 일주일이 걸렸다.	It **took me a full week to** adjust to my new car.
낫는 데 꼬박 일주일이 걸렸다.	It **took me a full week to** get better.

DAY 35 **Phone Plans 휴대폰 요금제**

103 unlimited data plan 데이터 무제한 요금제

사람들이 사용하는 다양한 데이터 무제한 요금제가 있다.	There are many **unlimited data plans** that people use.
데이터 무제한 요금제는 편리하지만 비쌀 수도 있다.	An **unlimited data plan** is convenient, but it can be expensive.
나는 휴대폰을 많이 사용하지 않기 때문에 데이터 무제한 요금제는 필요 없다.	I don't need an **unlimited data plan** because I don't use my phone much.

104 put a cap on ~에 제한을 두다

어떤 요금제는 사람들이 사용할 수 있는 데이터 양에 제한을 두지 않는다.	Some plans don't **put a cap on** the amount of data a person can use.
아이들의 TV 시청 시간에 제한을 둔다.	I **put a cap on** how much TV my kids can watch.
정부는 사람들이 일할 수 있는 시간에 제한을 두었다.	The government **put a cap on** the number of hours people can work.

105 pay through the nose 높은 비용을 지불하다

휴대폰 요금이 너무 비싸다고 생각하는 사람들이 많다.	Many people think that they are **paying through the nose** for their phone bills.
비행기표를 구하느라 높은 비용을 지불해야 했다.	We had to **pay through the nose** to get our plane tickets.
인터넷으로 조사를 해보면 높은 비용을 지불하는 것을 피할 수 있다.	You can avoid **paying through the nose** by researching online.

106   do weird stuff   이상한 짓을 하다

내 휴대 전화의 상태가 이상했다.	My phone was **doing weird stuff**.
그는 술에 취하면 항상 이상한 짓을 한다.	He always **does weird stuff** when he gets drunk.
내 동생은 어렸을 때 이상한 짓들을 하곤 했다.	My brother would **do weird stuff** as a kid.

107   freeze   먹통이 되다, 작동을 멈추다

그리고 꽤 자주 먹통이 되곤 했다.	It **froze** quite often as well.
노트북이 요즘 자주 멈춰버린다.	My laptop **freezes** often these days.
내 휴대 전화는 이 어플리케이션을 실행할 때마다 먹통이 된다.	My phone **freezes** whenever I run this application.

108   take ~ in for repairs   ~의 수리를 맡기다

이만저만 불편한 것이 아니었기 때문에, 나는 전화기 수리를 맡겼다.	It was causing me a lot of trouble, so I **took it in for repairs**.
나는 노트북을 떨어뜨리는 바람에 수리를 맡겨야 했다.	I had to **take my laptop in for repairs** because I dropped it.
나는 사고가 나서 차 수리를 맡겼다.	I **took my car in for repairs** because I had an accident.

109   every corner of the country   전국 방방곡곡

택배를 전국 방방곡곡으로 보낼 수 있다.	Parcels can be delivered to **every corner of the country**.
전국 방방곡곡에서 편의점을 찾아볼 수 있다.	You can find convenience stores in **every corner of the country**.
전국 방방곡곡으로 여행을 가보고 싶다.	I would like to travel to **every corner of the country**.

110   in just a day or two   하루 이틀 만에

택배를 불과 하루나 이틀 만에 배달할 수 있다.	Parcels can be delivered **in just a day or two**.
하루나 이틀 만에 세계 어디로든 이동할 수 있다.	You can travel anywhere in the world **in just a day or two**.
불과 하루 이틀 만에 문제가 해결되었다.	**In just a day or two**, the problem was fixed.

111   in real time   실시간으로

실시간으로 배송 상태를 확인할 수 있다.	People can check the delivery status **in real time**.
휴대폰 덕분에 뉴스를 실시간으로 읽어볼 수 있다.	Thanks to my phone, I can read the news **in real time**.
실시간으로 기상 예보를 확인하는 것을 좋아한다.	I like to check the weather forecast **in real time**.

Late Delivery 배송 지연된 경험

112 **phone in** 전화를 걸다

전화를 걸어서 하나를 주문했다.	I **phoned in** and ordered one.
가끔 전화하는 것 잊지 마.	Don't forget to **phone in** from time to time.
그녀는 전화를 걸어 늦을 것 같다고 말했다.	She **phoned in** to say she would be late.

113 **be backed up** 밀리다

그들은 주문이 밀려 있다고 말했다.	They told me that deliveries **were backed up**.
금요일 저녁이라 차가 밀렸다.	Traffic **was backed up** because it was a Friday evening.
전화를 너무 많이 받아서 밀려 있다.	We **are backed up** because we received so many calls.

114 **the wait** 대기 시간

음식 배달 앱에 대기 시간이 60분이라고 나왔다.	The food delivery app said that **the wait** would be 60 minutes.
음식이 워낙 맛있어서 기다린 보람이 있었다.	The food was so good that it was worth **the wait**.
나는 기다리는 것도 괜찮다.	I don't mind **the wait**.

Designated Driver Service 대리운전

115 **driving under the influence (DUI)** 음주 운전

음주 운전을 피할 수 있는 좋은 방법이다.	It's a good way to avoid **driving under the influence**.
음주 운전은 어떠한 경우에도 용납할 수 없다.	**Driving under the influence** is never acceptable.
그는 음주 운전을 한 혐의로 체포되었다.	He was arrested for **driving under the influence**.

116 **be a little tipsy** 약간 취하다

어젯밤에는 술이 조금 취했었다.	Last night, I **was a little tipsy**.
그녀는 술이 조금 취하면 말이 많아진다.	She talks a lot when she **is a little tipsy**.
그는 술을 한 잔만 했는데 이미 조금 취했다.	He only had one drink, but he **was** already **a little tipsy**.

117 **be unfit to drive** 운전할 상태가 아니다

나는 어젯밤에 운전할 상태가 아니었다.	I **was unfit to drive** last night.
그녀는 너무나 피곤해서 운전할 상태가 아니었다.	She was so tired that she **was unfit to drive**.
너는 이렇게 심한 눈길에는 운전할 준비가 되어 있지 않아.	You **are unfit to drive** in such snowy conditions.

Valet Parking 발레 파킹

118 **time-saver** 시간을 절약해주는 것

발레 파킹을 하면 시간도 절약되고 매우 편리하다.

이 새로운 앱을 사용하면 시간을 크게 절약할 수 있다.

나는 해야 할 일들을 적어 놓으면 시간이 많이 절약된다.

Valet parking is a big **time-saver**, and it's very convenient.

This new app is a big **time-saver**.

Writing down the things I have to do is a major **time-saver** for me.

119 **set you back** 비용이 들어가다

발레 파킹 비용은 그렇게 큰 부담이 되지 않는다.

음식 맛은 훌륭하지만, 가격 부담이 좀 될 것이다.

세일을 할 때 구입하면 부담을 줄일 수 있다.

Valet parking won't **set you back** that much.

The food is delicious, but it will **set you back** a bit.

It won't **set you back** too much if you buy it on sale.

120 **all in one go** 한꺼번에

발레 파킹 비용과 주차 비용을 한꺼번에 정산한다.

한꺼번에 가방을 모두 가지고 오려고 해봤다.

한꺼번에 지불할 수 없으면 할부로 내도 된다.

You pay for the valet service and the parking fee **all in one go**.

I tried to bring in the bags **all in one go**.

You can pay in installments if you can't afford to pay **all in one go**.

Auto Repairs 자동차 수리

121 **take one's car in to the service center** 차를 정비소에 맡기다

나는 서비스 점검을 위해 자동차를 정기적으로 정비소에 가져간다.

나는 일년에 한 번은 자동차를 정비소에 맡긴다.

나는 사고 후 자동차를 정비소에 맡겨야 했다.

I regularly **take my car in to the service center** for check-ups.

I **take my car in to the service center** once a year.

I had to **take my car in to the service center** after the accident.

122 **get some repairs done** 수리를 받다

최근에는 외장 수리를 몇 군데 했어야 했다.

몇 가지 수리를 하느라 돈이 꽤 많이 들었다.

수리 받는 중이라 자동차를 쓸 수 없었다.

I recently had to **get some repairs done** on the outside.

I spent a lot of money to **get some repairs done**.

I couldn't use my car because I was **getting some repairs done**.

123 **crack one's bumper** 범퍼가 깨지다

작은 접촉 사고가 나서 범퍼가 깨졌다.

누군가 내 차 범퍼를 깨고 도망갔다.

다행히 범퍼만 깨졌고 더 이상의 피해는 없었다.

I had gotten into a small fender bender and **cracked my bumper**.

Somebody **cracked my bumper** and drove away.

Fortunately, I only **cracked my bumper**, and there was no more damage.

124 recuperate 기력을 회복하다

조리원 시설은 산모가 출산 후 기력을 회복할 수 있도록 도와준다.	These facilities help mothers **recuperate** after childbirth.
아이 낳고 회복하는 데에는 긴 시간이 걸렸다.	It took me a long time to **recuperate** after childbirth.
그녀는 집에서 기력 회복 중이다.	She is **recuperating** at home.

125 get back on one's feet 기력을 회복하다, 재기하다

산후조리원은 산모가 충분히 회복할 수 있도록 돕는다.	These centers help mothers **get back on their feet**.
나는 회복을 위해 운동을 시작했다.	I started to work out to **get back on my feet**.
그는 드디어 회복할 수 있었다.	Finally, he was able to **get back on his feet**.

126 come with a hefty price tag 가격대가 매우 높다

이러한 서비스의 비용이 만만치 않을 수도 있다.	These services can **come with a hefty price tag**.
명품 디자이너 브랜드는 매우 비싸다.	Designer brands **come with a hefty price tag**.
드레스는 정말 예뻤지만, 가격대가 정말 높았다.	The dress was very pretty, but it **came with a hefty price tag**.

CHAPTER 7

ELECTRONICS 가전 기기

DAY 43   **Refrigerator 냉장고**

127 **run-of-the-mill** 평범한

우리 집에는 평범한 냉장고가 있다.	We have a **run-of-the-mill** refrigerator at home.
점심은 보통 회사 주변의 평범한 음식점에서 먹는다.	I usually have lunch at a **run-of-the-mill** restaurant near my office.
평범해 보이는 자동차지만, 사실 제법 빠르다.	It looks like a **run-of-the-mill** car, but it's quite fast.

128 **the latest model** 최신 모델

최신 모델이라 기능들이 많아서 마음에 든다.	It's **the latest model**, so I like the various features.
어머니는 통화를 하고 문자만 보내기 때문에 최신 모델은 필요 없으시다.	My mom only makes calls and sends texts, so she doesn't need **the latest model**.
헤드폰을 사기 전에 인터넷으로 최신 모델들을 알아봤다.	Before buying headphones, I researched **the latest models** online.

129 **pay top dollar** 많은 비용을 지불하다

냉장고를 구입하기 위해 많은 비용을 지불해야 했다.	I had to **pay top dollar** for the refrigerator.
많은 비용을 지불하면 더 좋은 호텔에 묵을 수 있다.	If you **pay top dollar**, you can stay at a nicer hotel.
콘서트 표를 비싼 가격에 구입해야 했다.	I had to **pay top dollar** for the concert tickets.

DAY 44   **Washing Machine 세탁기**

130 **high-maintenance** 손이 많이 가는

빨래는 손이 많이 가는 집안일 중의 하나다.	Doing the laundry is a **high-maintenance** household chore.
이 장비는 아주 손이 많이 간다.	The equipment is very **high-maintenance**.
내 자동차는 유지 관리가 쉬운 편이라 마음에 든다.	I like my car because it's not too **high-maintenance**.

131 **the latest technology** 최신 기술

최신 제품들은 최신 기술들이 접목되어 더욱 좋아졌다.	The newest products are even better, using **the latest technology**.
최신 기술들은 이해하기가 점점 힘들다.	It's harder to understand **the latest technology**.
한국에서는 여러 가지 최신 기술을 체험할 수 있다.	You can experience a lot of **the latest technology** in Korea.

132 **wash cycle** 세탁 코스

빨래의 종류에 따라서 세탁 방식을 다양하게 사용할 수 있다.	You can use different **wash cycles** depending on the type of clothing
세탁 코스를 잘못 선택했다.	I used the wrong **wash cycle**.
넌 섬세 의류는 어떤 세탁 코스를 사용하니?	Which **wash cycle** do you use for delicate clothes?

Clothes Dryer 건조기

133 **save the trouble of** ~하는 수고를 덜어주다

건조기는 빨래를 널어 말려야 하는 번거로움을 덜어준다.

이 소프트웨어를 사용하면 수작업으로 하는 수고를 덜어준다.

대중교통을 이용하면 주차하는 번거로움을 안 겪어도 된다.

Clothes dryers **save the trouble of** hanging out the laundry to dry.

Using this software **saves the trouble of** doing it by hand.

Taking public transportation **saves the trouble of** parking.

134 **improve the ambience** 분위기/미관을 개선하다

집 내부 미관에도 도움이 된다.

분위기를 개선하기 위해 가구를 옮겨봤다.

음악을 틀었더니 분위기가 훨씬 좋아졌다.

It helps **improve the ambience** inside a home.

To **improve the ambience**, we tried moving the furniture.

Turning on some music really **improved the ambience**.

135 **funky smell** 불쾌한 냄새, 악취

빨래에서 냄새가 날까봐 걱정할 필요가 없다.

이 음식은 조금 이상한 냄새가 나지만, 나는 그걸 좋아한다.

내 신발에서 불쾌한 냄새가 났다.

You don't need to worry about a **funky smell** from your laundry.

This dish has a **funky smell**, but I like it.

My shoes had a **funky smell**.

Dishwasher 식기세척기

136 **life changing** 인생을 바꿔 놓는

새로운 세상을 만난 기분이 들었다.

10대 때 그 책을 읽어서 내 인생에 큰 변화가 있었다.

혼자서 여행을 다니는 것이 내 삶에 큰 변화를 가져다주었다.

It has been **life changing**.

Reading that book as a teenager was **life changing**.

Traveling alone has been a **life changing** experience for me.

137 **pile up** 쌓이다, 밀리다

싱크대에 쌓여 있는 그릇의 양이 어마어마하다.

그렇게 일을 미루기만 하면 계속 밀리게 될 것이다.

나는 책을 자주 구입해서, 책상에 잔뜩 쌓여 있다.

Dishes really **pile up** in the sink.

Your work will **pile up** if you keep putting it off.

I buy books often, and they have **piled up** on my desk.

138 **bicker over** ~에 대해 티격태격 다투다

설거지를 누가 할지 남편이랑 다투기도 한다.

너희는 왜 그렇게 중요하지도 않은 일로 티격태격 다투니?

그들은 누가 저녁값을 낼지 서로 티격태격 다퉜다.

My husband and I **bicker over** who should do the dishes.

Why do you **bicker over** such small things?

They **bickered over** who should pay for dinner.

Microwave 전자레인지

139 **on a daily basis** 매일같이

나는 전자레인지를 매일같이 사용한다.	I use the microwave **on a daily basis**.
우린 자주 만나지는 않지만 매일같이 서로 전화를 한다.	We don't meet often, but we call each other **on a daily basis**.
프로젝트가 완성될 때까지 우린 매일 회의를 했다.	We had meetings **on a daily basis** until the project was completed.

140 **leftovers / leftover food** 남은 음식

밥을 지으면 보통은 남는다.	When I cook rice, usually there are **leftovers**.
음식을 너무 많이 주문해서 남았다.	We ordered too much food, so there were **leftovers**.
그녀는 남은 음식으로 찌개를 끓였다.	She cooked a stew using **leftover food**.

141 **have an upset stomach** 속이 불편하다

속이 불편하면 죽을 먹는다.	When I **have an upset stomach**, I eat porridge.
생굴을 먹고 배탈이 났다.	I **had an upset stomach** after eating some raw oysters.
속이 불편해서 회사에 지각을 했다.	I was late for work because I **had an upset stomach**.

Rice Cooker 밥솥

142 **every single day** 하루도 빠짐없이

한국인들은 하루도 빠짐없이 쌀밥을 먹는다.	Koreans eat steamed rice **every single day**.
나는 집을 하루도 빠짐없이 청소한다.	I clean the house **every single day**.
나는 아이들에게 하루도 빠짐없이 우유를 먹게 한다.	I make my children drink milk **every single day**.

143 **take 30 minutes max** 아무리 길어야 30분이 소요되다

밥을 하는 데 아무리 길어도 30분이면 된다.	It **takes 30 minutes max** to cook rice.
차로 가면 아무리 길어야 30분이면 거기에 갈 수 있다.	It **takes 30 minutes max** to get there by car.
거기 걸어가면 아무리 길어야 30분이면 갈 수 있다.	It **takes 30 minutes max** to walk there.

144 **all sorts of stuff** 온갖 종류의 것들

그 안에 계란과 같은 온갖 종류의 것들을 조리할 수 있다.	You can cook **all sorts of stuff**, such as eggs, in them.
우리는 식료품점에서 온갖 종류의 것들을 샀다.	I bought **all sorts of stuff** at the grocery store.
온갖 종류의 제품들이 세일 중이었다.	There were **all sorts of stuff** that were on sale.

Vacuum Cleaner 진공청소기

145 **plug in** 전선을 꽂다, 연결하다

무선 진공청소기는 선을 꽂을 필요가 없다.	We don't have to **plug in** wireless vacuum cleaners.
어젯밤에 휴대폰 전선을 꽂는 것을 잊어버렸다.	I forgot to **plug** my phone **in** last night.
오랫동안 작업을 해야 할 때는 노트북 전선을 꽂는다.	I **plug** my laptop **in** when I have to work for a long time.

146 **get tangled up** 뒤엉키다

선이 엉키거나 꼬이지 않아서 훨씬 편리하다.	The wires don't **get tangled up**, so they are much more convenient.
가방 안에서 이어폰이 항상 뒤엉켜 꼬인다.	My earphones always **get tangled up** in my bag.
때로는 아침에 머리카락이 뒤엉킨다.	My hair sometimes **gets tangled up** in the morning.

147 **have come a long way** 크게 발전하다

기술의 비약적 발전의 한 예라고 볼 수 있다.	They show that technology **has come a long way**.
스마트폰은 단시간에 크게 발전했다.	Smartphones **have come a long way** in a short time.
그들의 제품들은 비약적 발전을 이루었다.	Their products **have come a long way**.

Coffee Machine 커피 머신

148 **take root** 정착되다

집에서 직접 커피를 만들어 먹는 문화가 정착되었다.	A trend of making coffee at home has **taken root**.
기술이 정착되려면 시간이 좀 걸릴 것이다.	It will take a while for the technology to **take root**.
그 개념은 아직 정착되지 못했다.	The idea hasn't **taken root** yet.

149 **a/the hot ticket** 인기 있는 것

최근에는 캡슐 커피 기계들이 대세로 자리 잡고 있다.	Nowadays, capsule coffee makers are **the hot ticket**.
90년대에는 그 배우가 아주 인기가 많았다.	That actor was **a hot ticket** in the 90s.
올 겨울에는 이 영화가 흥행할 것이다.	This movie will be **a hot ticket** this winter.

150 **ease of use** 사용 편의성

이처럼 간편한 것이 큰 장점이기도 하다.	This **ease of use** is a major advantage.
이 운영 체제는 사용 편의성 때문에 인기가 많다.	This OS is popular because of its **ease of use**.
사용 편의성 때문에 이 제품을 구입했다.	I bought this product because of its **ease of use**.

Summer Weather 여름철 날씨

151   the daytime highs 낮 최고 기온

낮 최고 기온이 섭씨 30도 이상 올라간다.	**The daytime highs** rise above 30 degrees Celsius.
주말 낮 최고 기온을 확인해봤다.	I checked **the daytime highs** for the weekend.
이곳은 낮 최고 기온 동안에도 춥다.	It's cold here, even during **the daytime highs**.

152   get sweaty 땀이 나다

땀이 많이 나기 때문에, 물을 많이 마시는 것이 중요하다.	Because people **get sweaty**, it's important to drink lots of water.
나는 운동을 하면서 땀이 났다.	I **got sweaty** while exercising.
날씨가 선선해서 땀이 나지 않았다.	The weather was cool, so we didn't **get sweaty**.

153   heavy rain 폭우

장마철에는 폭우가 자주 내린다.	**Heavy rain** falls often during the rainy season.
폭우로 인해 신발이 젖었다.	My shoes got wet because of the **heavy rain**.
이번 주말에는 폭우가 내릴 것으로 예상된다.	**Heavy rain** is expected this weekend.

Winter Weather 겨울 날씨

154   freezing cold 몹시 추운

한국의 겨울 날씨는 몹시 춥다.	Winter in Korea is **freezing cold**.
그가 히터를 끄자 몹시 추워졌다.	He turned off the heater, and it became **freezing cold**.
밖에 정말 추우니까 코트를 입는 것이 좋을 것이다.	You should wear a coat because it's **freezing cold** out there.

155   get a lot of snow 눈이 많이 오다

겨울철에 눈이 많이 온다.	We **get a lot of snow** in the winter season.
지난 주말에 스키장에 눈이 많이 내렸다.	The ski resort **got a lot of snow** last weekend.
작년에는 눈이 많이 오지 않았다.	We didn't **get a lot of snow** last year.

156   bundle up (옷을) 따뜻하게 입다

날씨 때문에 옷을 따뜻하게 입는 것이 중요하다.	Because of the weather, it's important to **bundle up**.
어머니는 옷을 따뜻하게 입으라고 늘 말씀하신다.	My mother always tells me to **bundle up**.
옷을 따뜻하게 입지 않으면 감기에 걸릴지도 모른다.	If you don't **bundle up**, you might catch a cold.

DAY 53   Fall Weather 가을 날씨

157   fall foliage   가을 단풍

10월 중순에는 가을 단풍이 매우 아름답다.	The **fall foliage** is very beautiful in mid-October.
가을 단풍을 보기 위해 산으로 갔다.	We went to the mountains to see the **fall foliage**.
너무 늦기 전에 가을 단풍을 가서 보도록 해.	You should go see the **fall foliage** before it's too late.

158   get sentimental in the fall   가을을 타다

가을을 타는 사람도 있다.	Some people **get sentimental in the fall**.
여성보다는 남성이 더 흔히 가을을 탄다.	More men than women **get sentimental in the fall**.
가을을 타면 슬픈 음악을 듣는다.	When I **get sentimental in the fall**, I listen to sad music.

159   feel restless   싱숭생숭하다

날씨가 바뀌면서 사람들이 싱숭생숭해지는 것이다.	As the weather changes, people **feel restless**.
졸업을 앞두고 싱숭생숭했다.	I **felt restless** before graduation.
싱숭생숭해지면 친구들에게 전화를 건다.	I call my friends when I **feel restless**.

DAY 54   Spring Weather 봄 날씨

160   outdoorsy   야외에서 하기 좋은

야외 활동을 하기에 가장 좋은 계절이다.	It's the perfect season for **outdoorsy** activities.
날씨가 따뜻해지면, 나는 야외 활동을 하는 것을 좋아한다.	I love to do **outdoorsy** things when the weather gets warm.
본인이 야외 활동을 하는 것을 좋아하는 편이라고 생각하세요?	Do you consider yourself to be **outdoorsy**?

161   flock to   ~으로 모여들다

지역 주민들과 관광객들이 그곳으로 모여든다.	Locals and tourists **flock to** that place.
사람들은 주말에 영화관으로 모여든다.	People **flock to** movie theaters on weekends.
많은 사람들이 명절 후에 진행되는 세일 때문에 쇼핑몰로 모여들었다.	Many people **flocked to** the shopping mall for the postholiday sale.

162   in full bloom   만개한

벚꽃들이 끝도 없이 만개한다.	Rows and rows of cherry blossoms are **in full bloom**.
지금 꽃들이 만개해 있으니까, 놓치지 마.	The flowers are **in full bloom** now, so don't miss it.
작년에 벚꽃이 만개한 것을 볼 기회를 놓쳤다.	I missed the window to see the cherry blossoms **in full bloom** last year.

163 **breathe in the bad air** 나쁜 공기를 들이마시다

사람들은 나쁜 공기를 호흡하는 것을 피하기 위해 마스크를 쓴다.	People wear masks to avoid **breathing in the bad air**.
나쁜 공기를 마시는 것은 노인들에게 좋지 않다.	**Breathing in the bad air** is not good for old people.
나쁜 공기 들이마시지 마.	Do not **breathe in the bad air**.

164 **cold-like symptom** 감기 같은 증상

에어컨을 너무 많이 쐬면 감기와 같은 냉방병 증상이 생길 수 있다.	Excessive exposure to air-conditioning can lead to **cold-like symptoms**.
감기 같은 증상이 있었지만 감기는 아니었다.	I had **cold-like symptoms**, but it was not a cold.
그녀의 감기 같은 증상은 폐렴으로 밝혀졌다.	Her **cold-like symptoms** were found to be pneumonia.

165 **vary quite a bit** 편차가 제법 나다

아침 최저 기온과 오후 최고 기온 간의 일교차가 매우 심하다.	The morning lows and the afternoon highs tend to **vary quite a bit**.
도시마다 날씨가 제법 차이가 많이 난다.	The weather **varies quite a bit** from city to city.
매년 이맘때 즈음이면 기온 편차가 좀 심하다.	Temperatures **vary quite a bit** at this time of year.

166   check one's balance   잔액 조회를 하다

잔액 조회 등 기본적인 것들을 휴대폰으로 할 수 있다.	You can do basic things on a phone, including **checking your balance**.
이것을 구입할지 결정하기 전에 잔액 조회를 해야겠다.	I need to **check my balance** before deciding whether to buy this.
잔액 조회를 하기 위해서 은행에 갈 필요가 없다.	I don't have to go to the bank to **check my balance**.

167   pay the bills   각종 요금을 지불하다

휴대폰으로 각종 요금을 지불할 수 있다.	You can **pay the bills** using your phone.
그는 아르바이트를 하며 각종 요금을 지불한다.	He **pays the bills** by working part-time.
직업이 마음에 들지는 않지만, 각종 요금을 지불해야 한다.	I don't like my job, but I have to **pay the bills**.

168   on every corner   곳곳에 흔한, 도처에

곳곳에 아주 흔하게 자동 인출기가 있다.	There is an ATM **on every corner**.
한국에는 편의점이 곳곳에 있다.	In Korea, there is a convenience store **on every corner**.
온통 커피숍밖에 없는 것 같아.	It seems like there is a coffee shop **on every corner**.

169   immediate payment   일시불 결제

일시불 또는 할부 결제를 선택할 수가 있다.	You can either choose **immediate payment** or an installment plan.
어떤 사람들은 오로지 일시불 결제만을 선호한다.	Some people prefer to only do **immediate payment.**
내 생각에는 일시불 결제가 더 좋은 것 같아.	I think **immediate payments** are better.

170   pay in installments   할부로 결제하다

할부로 결제를 할 경우에는 결제 금액에 이자가 붙는다.	You have to pay interest if you decide to **pay in installments**.
그것을 할부로 낼 수도 있나요?	Can I **pay** for that **in installments**?
나는 차 값을 할부로 납부하고 있다.	I am **paying** my car payment **in installments**.

171   make one's payment   결제하다, 납부하다

고객들은 신용 등급이 떨어지지 않으면서 결제 금액을 지불할 수 있게 된다.	Customers can **make their payments** without hurting their credit rating.
나는 연체하고 싶지는 않다.	I don't want to be late **making my payment**.
결제를 몇 가지 다른 방식으로 할 수 있다.	You can **make your payment** in several different ways.

ATM 현금 지급기

172   get some cash   현금을 인출하다

나 현금 좀 뽑아야 해.	I have to **get some cash**.
현금을 어디서 뽑을 수 있을까요?	Where can I **get some cash**?
현금 뽑아야 하니?	Do you need to **get some cash**?

173   make a deposit   입금을 하다

입금을 하기 위해 실제 은행에 가지 않아도 된다.	You don't have to go to an actual bank to **make a deposit**.
입금을 하기 위해서 직불 카드가 필요하다.	You need your debit card to **make a deposit**.
현금 지급기를 통해서 입금을 하는 것이 훨씬 쉽다.	It's much easier to **make a deposit** through ATMs.

174   after business hours   영업 시간 이후에

현금 지급기는 영업 시간 이후에도 이용할 수 있다.	ATMs can be used even **after business hours**.
우리는 영업 시간이 종료된 이후에 거기에 도착했다.	We arrived there **after business hours**.
영업 시간 이후에는 그들의 웹사이트를 이용하면 된다.	You can use their website **after business hours**.

Currency Exchange 환전

175   invest in overseas stocks   해외 주식 투자를 하다

요즘은 해외 주식 거래를 하는 사람들도 있다.	These days, some people **invest in overseas stocks**.
난 너무 소심해서 해외 주식 투자를 못 한다.	I'm too timid to **invest in overseas stocks**.
해외 주식 투자를 하다가 손실을 크게 봤다.	I lost a lot of money **investing in overseas stocks**.

176   get a favorable exchange rate   환율 우대를 받다

환율 우대를 받는 방법을 찾아보면 유리하다.	It helps to look for ways to **get a favorable exchange rate**.
이 은행을 오래 사용해왔기 때문에 환율 우대를 받았다.	I **got a favorable exchange rate** because I had used this bank for a long time.
공항에서는 유리한 환율로 환전을 하기 힘들다.	It's harder to **get a favorable exchange rate** at the airport.

177   visit a bank branch   은행 지점에 방문하다

사용자는 은행 지점에 가서 외국환을 수령하면 된다.	Users **visit a bank branch** and pick up the foreign currency.
회사 근처에 은행 지점이 있어서 직접 방문했다.	I **visited a bank branch** in person because there was one near my office.
요즘은 은행 지점에 방문해야 하는 경우가 흔하지 않다.	You rarely have to **visit a bank branch** these days.

178   pros and cons   장단점

주식에 투자를 하는 것은 일장일단이 있다.	Investing in stocks has its **pros and cons**.
어떤 선택을 하든 장단점이 있을 것이다.	Whatever you choose, there will be **pros and cons**.
계획의 장단점에 대해 의논을 했다.	We discussed the **pros and cons** of the plan.

179   study up on   ~을 주의깊게 공부하다

투자하려는 기업에 대해 공부를 많이 해야 한다.	You have to **study up on** the companies you want to invest in.
나는 여행을 가기 전에 목적지에 대해 찬찬히 공부하는 것을 좋아한다.	I like to **study up on** a place before I travel there.
채용 면접을 보기 전에 해당 회사에 대해 공부했다.	I **studied up on** the company before my job interview.

180   have good timing   타이밍을 잘 맞추다

주식 매수 시점과 매도 타이밍을 잘 잡아야 수익을 볼 수 있다.	You need to **have good timing** when you buy or sell stocks to earn a profit.
때로는 능력보다 타이밍을 잘 맞추는 것이 중요할 때도 있다.	Sometimes, **having good timing** is more important than skill.
물론 연습도 해야 하지만, 타이밍도 잘 맞아야 한다.	Of course, you should practice, but you also have to **have good timing**.

EBS
영어 학습
시 리 즈